AI 시대 교육혁명

19살 청년 세계 AI를 이끌다

꿈꾸는 소년
박상수 지음

도서
출판 **행복에너지**

AI 시대 교육혁명
19살 청년 세계 AI를 이끌다

초판 1쇄 발행 2025년 1월 22일

지 은 이 꿈꾸는 소년
발 행 인 권선복
편   집 한영미
디 자 인 서보미
전 자 책 서보미
발 행 처 도서출판 행복에너지
출판등록 제315-2011-000035호
주   소 (07679) 서울특별시 강서구 화곡로 232
전   화 0505-613-6133
팩   스 0303-0799-1560
홈페이지 www.happybook.or.kr
이 메 일 ksbdata@daum.net

값 22,000원
ISBN 979-11-93607-71-8(03370)

AI 시대 교육혁명

19살 청년
세계 AI를 이끌다

꿈꾸는 소년
박상수 지음

도서
출판 행복에너지

"19세, TOEIC 990점 만점, 글로벌 자율주행 AI 팀장"

지인 : 유빈이가 경기 영재고에 갔다고? 정말 천재네!

꿈소* : 아니, 마이스터고에 갔어. 학비도, 기숙사비도 전액 무료인.

지인 : 마이스터고? 공고 아냐? 영재고도 과학고도 아니고? 유빈인 어
릴 때부터 '천재 소년'이라 불릴 만큼 공부 잘했는데 왜 거길 보내?

꿈소 : 난 미래는 단순히 학교 이름으로 결정되지 않는다고 믿어. 그
보단 실력이 더 중요하지. 그래서 아들에게 고등학교부터 전문 기술
을 배우고, 필요한 추가 교육은 인터넷으로 최신 논문이나 강의를 통
해 스스로 배워가라고 권유했지. 유빈이도 좋다고 하기에 최종적으
로 무료 교육이 제공되는 마이스터고를 선택한 거야.

----
* 꿈소는 '꿈꾸는 소년'을 줄인 말

4

지인 : 그렇지만 한국은 엄연히 학벌 사회잖아. 명문대를 나와야 동문들 도움도 받고, 좋은 직장 가고, 결혼도 잘하고, 미래도 보장이 되지. 아들이 똑똑한데, 재수라도 시켜서 명문대 보내야 하지 않겠어?

꿈소 : 나는 이 나라에서 반평생 넘게 살면서 아이들이 너무 불쌍하다고 느껴왔어. 대한민국의 교육 시스템 자체가 안타까웠고. 우리나라의 많은 부모가 아이의 미래를 위해 어릴 때부터 공부시켜야 한다고 생각하잖아. 그래서 나이에도 맞지 않고 아이의 적성과도 상관없는 공부를, 1등부터 꼴등까지 전부 시키잖아. 어떤 면에서는 부모들이 아이들에게 죄를 짓고 있다고 생각해. 이 아이들이 어른이 되었을 때, 과연 이들 중 몇 퍼센트나 자신이 원하는 삶을 살게 될까?

지인 : 역시 꿈꾸는 소년이네. 너무 이상적인 얘기 아냐? 그럼 어쩌겠어. 대한민국은 아직도 명문대를 나와야 장래가 보장되는데. 지금 대한민국을 이끄는 사람들도 대부분 명문대 출신이잖아.

꿈소 : 맞아, 명문대가 여전히 중요해. 하지만 우리 아들처럼 스스로 길을 개척할 수 있는 젊은이도 있다는 사실이 더 희망적이지 않겠어? 요즘 뉴스에서 부모들이 자녀의 과장된 스펙을 쌓기 위해 고군분투하는 모습을 보면 그저 안타까울 뿐이야. 우리까지 기득권처럼 행동할 필요는 없다고 생각해. 그래서 우리는 다른 길을 선택했어. 그 길이 옳다고 믿으니까.

지인 : 아이고… 꿈소, 제발 정신 좀 차리세요.

이때, 나는 아무리 비난을 받아도 우리의 선택을 바꾸지 않았다. 지인들뿐만 아니라 가까운 친척들까지도 아들의 미래를 망친다고 유빈이가 마이스터고를 다니는 3년 내내 비난을 멈추지 않았지만, 아들과 나는 꿋꿋하게 믿음을 가지고 그 길을 걸어왔다.

그 결과, 아들은 19세라는 나이에 글로벌 자율주행 AI 연구소의 팀장이 되었다. 그는 이제, 테슬라의 자율주행 AI를 능가하는 기술을 개발하기 위해 세계 최고의 석박사들과 함께 일하고 있다. 이 모든 변화는 아들이 자신을 믿고, 자신만의 길을 선택했기에 가능한 일이었다.

19세, 꿈을 이뤄 세계를 놀라게 할 자율주행 AI 팀장이 된 이야기. 지금부터 그 영화 같은 이야기를 함께 나누고자 한다.

이 책은 단순히 성공한 한 소년의 이야기가 아니다. 그것은 아들과 내가 '다른 길을 선택'하여 미래를 개척할 수 있었다는 방증이기도 하며, "어떤 선택이 진짜 미래를 준비하는 길인가?"라는 질문에 대한 답이기도 하다.

이 책을 통해, 나는 전통적인 교육과 미래를 준비하는 교육의 차이를 독자들에게 전하고 싶다. 부모와 자녀가 함께 꿈을 꾸며, 서로의 믿음을 바탕으로 미래를 설계할 때, 자녀에게는 더 큰 가

축사에서 자라 19세에 세계 최고 자율주행 AI 팀장이 되기까지의 영화 같은 이야기

능성을, 부모에게는 사교육비의 부담에서 해방될 수 있는 길이 열린다는 것을 알리고자 한다.

　이 책은 그 길을 찾아가는 여정을 담고 있다. '명문대'가 아니라 '명품 인생'을 만드는 자녀 교육 방법, 바로 그것을 여러분과 함께 나누고자 한다.

2024년 12월

꿈꾸는 소년

Contents

* ────────────────────────────────────── PART I

산골축사 소년이 이루어낸
고졸 신화

* ────────────────────────────────────── PART II

산골에서 피어난 꿈의 씨앗

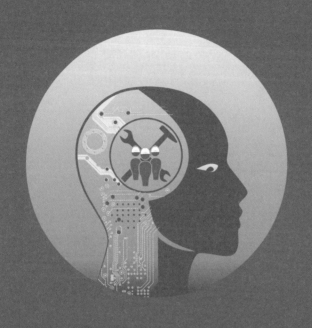

PART I

산골축사 소년이
이루어낸

고졸 신화

꿈을 꾸지 않으면 이루어지지 않고
꿈을 꾸고 실천하지 않아도
이루어지지 않는다.
꿈에 다가가기 위해 오늘 한 걸음
내딛는 이 순간
꿈은 이루어지고 있다.

- 꿈꾸는 소년 -

01

삼성전자 장학생! 대기업을 포기하고 스타트업에 지원하다

유빈 : 이번에 삼성에서 졸업예정자들 중 우수한 학생 몇 명을 특채로 뽑는다는데, 선생님이 나를 추천했어. 어떻게 할까?

꿈소 : 삼성에서 고액의 장학금을 지원해 줘서 감사한 마음이야. 하지만 안정적인 미래가 보장되는 대기업보다는, 남들이 가지 않은 새로운 길을 유빈이가 도전하는 것이 더 나을 것 같아. 유빈이는 창의적이고 새로운 분야에 도전하기를 좋아하니까. 아빠는 급여가 낮더라도 유능한 인재들이 모여 있는 스타트업에서 첫 사회생활을 시작하는 것이 좋다고 생각해.

며칠 후, 다급한 목소리로 유빈이 전화가 왔다.

유빈 : 아빠! '올웨이즈'라는 회사 알아? 앞으로 아마존을 능가하는 회사를 만들겠다는 목표를 가진 곳인데, 서울영재고를 졸업한 서울

대 출신 3명이 원룸에서 창업한 회사래. 지금 그곳에서 1,000조 기업이 되기 위해 인재를 뽑는대. 지원 조건에 학력, 나이 상관하지 않고 오로지 실력으로만 뽑는다고 하니, 나 지원하고 싶어.

꿈소 : 아마존을 능가하는 회사를 만드는 데 학력과 나이를 보지 않고 오직 실력으로 뽑는다고? 서울대 출신 창업자들이 그런 결단을 내리다니 대단하다. 면접 볼 기회가 생기면 정말 좋겠다.

그로부터 또 며칠이 지났다.

유빈 : 아빠! 이력서를 보냈는데, 올웨이즈 대표님한테 면접을 보자는 연락이 와서 가기로 했어. 아, 지금 너무 흥분돼.

꿈소 : 공고 3학년을 대표가 직접 면접 본다고? 대한민국 최고의 인재들로 구성된 팀이라면서! 정말 영광이구나. 자신감을 가지고 네 소신을 당당히 말하고 오렴.

유빈은 면접에서 자신이 준비해 온 프로젝트와 활동들을 열정적으로 설명하며, 언젠가는 일론 머스크처럼 세계적인 회사를 창업하겠다는 꿈을 자신감 있게 밝혔다고 한다. 면접 이야기를 듣고 나니, 아들이 얼마나 이 순간을 준비해 왔는지 느껴졌다. 내가 며칠 있으면 좋은 소식이 있을 것 같다고 했더니 유빈의 마음도 편안해지는 것 같았다. 아니나 다를까, 며칠 후 유빈은 흥분된 목소리로 반가운 소식을 전했다.

유빈 : 아빠! 나 1차 면접 합격했어. 일주일 뒤에 2차 면접으로 공동 창업자 면접이 있대.

2차 면접은 올웨이즈 창업자 세 명이 유빈의 능력을 직접 평가하는 자리였다. 2차 면접까지 무난히 통과되었지만, 최종 관문인 3차 면접은 만만치 않았다. 실제 올웨이즈에 필요한 프로그램을 일주일 안에 만들라는 과제였다.

유빈은 밤샘 작업을 하며 모든 열정을 쏟아부었고 3일 만에 프로그램을 완성하여 제출하였다. 그러고는 얼마 지나지 않아 대표로부터 직접 합격 통보를 받았다.

유빈이 처음 이력서를 제출하고 최종 합격해 입사하기까지 약 3개월이 걸렸다. 그동안 유빈이 한 고비 한 고비 세상을 향해 도전하고 넘어설 때마다, 우리는 진심으로 유빈을 응원했다.

그렇게 유빈은 대한민국 최고의 스타트업, 올웨이즈에 당당히 입성했다. 그리고 그곳에서 프라블럼 솔버Problem Solver로서 새로운 도전을 이어가게 되었다.

'도전'이란 이름으로 쓰인 유빈의 이 여정이, 여러분 마음에도 불꽃을 지피길 바란다. 우리가 믿고 기다리면, 아이들은 결국 세상에 자신만의 흔적을 남긴다.

아마존을 능가하는 1,000조 기업!
올웨이즈 팀장을 모십니다

올웨이즈 홈페이지 https://team.alwayz.co/

올웨이즈 채용공고

"1,000조 기업! 올웨이즈 팀장을 모십니다"

아마존을 능가하는 1,000조 기업이라는 회사를 만들기 위해 학력 나이 상관없이 세계 최고가 되겠다는 목표를 함께 할 인재를 기다리고 있습니다.

목표

레브잇은 올웨이즈를 통해 '초저가'와 '즐거운 경험'이라는 가치를 소비자에게 전달하고 있습니다.
올웨이즈 서비스를 시작으로 지구상에 존재하는 무수히 많은 문제들을 계속해서 풀어나가고자 합니다.
저희가 앞으로 만들어낼 가치는 곧 기업의 가치로 환산이 될 것이고, 그 가치의 크기를 1,000조 이상으로 정의 내리고 있습니다.

본 글은 1,000조 기업이라는 목표의 가능성과 레브잇 팀의 의지에 대한 이야기입니다.
이 글을 더 풍부히 채워나가고, 언젠가는 글의 내용을 미래가 아닌 역사로 만들 동료를 찾고 있습니다.

아직 목표의 0.1%도 달성하지 못했습니다

아직도 올웨이즈는 국내 이커머스 시장에서 작은 점유율만을 가지고 있고, '성장 아니면 죽음'이라는 기조를 잃지 않고 있습니다. 아직 부족한 것들이 많지만 그럼에도 정말 높은 목표에 대한 집착을 잃지 않고 있습니다.

올웨이즈의 서비스 규모에 각각이 대체 불가능한 20명의 팀원만이 있는 상황입니다.

한 팀원에게 막대한 권한을 주고 속도를 높이지만 동시에 조직의 리스크를 높일 수 있습니다.

그렇기에 레브잇은 더욱 높은 열정과 역량을 가진 인재만을 선별하려 노력합니다. 그 어떤 조직보다 단단함을 유지하고 있으며, 작은 조직의 장점을 최대한 살려 빠르게 나아가고 있습니다.

Problem Solver

레브잇에는 'Problem Solver' 단 하나의 포지션만 있습니다. 본인을 기능 단위로 정의 내리지 않고, 임팩트가 큰 문제면 그것이 무엇이든 해결하고자 하는 의지와 능력이 있는 사람입니다.

어떤 직무를 맡아도 문제 해결을 해내는 능력
매니징 코스트 없이 실무의 최전선에서 몰입하는 경험
문제정의, 기획, 구현까지 문제 해결의 모든 과정을 혼자서 컨트롤 해내는 경험

독자를 위한 꿈소의 한마디

올웨이즈 채용공고를 읽으며 여러분은 어떤 감정을 느끼셨나요?

혹시 '내가 이런 회사에 들어갈 수 있을까?'라고 생각하셨다면, 이제 질문을 바꿔보세요.

"나는 이 세상의 어떤 문제를 해결할 수 있을까?"

실패를 두려워하지 않고, 한계를 뛰어넘는 도전을 선택하세요.

유빈이 올웨이즈에서 보여준 건 단순한 성공담이 아니라, 도전과 혁신의 새로운 기준이었습니다.

"문제는 언제나 존재하지만, 문제를 해결하는 태도야말로 여러분의 진짜 실력입니다."

이제, 여러분도 새로운 길에 첫발을 내디딜 준비를 해보세요.

누구도 예상하지 못한 길이야말로 바로 여러분의 이야기가 시작될 곳입니다.

Problem Solver
(인재 소개)

강재윤 | 대표, 공동창업자

전동킥보드 서비스 디어 공동창업 및 2년간 CTO로 근무하며 팀원들과 함께 회원 70만 명의 서비스로 성장시켰습니다. 서울대학교 딥러닝 학회 Deepest 및 프로그래밍 그룹 프로그라피를 창립하고 운영하기도 하였습니다. 서울과학고등학교 및 서울대학교 전기정보공학 학부를 졸업하였습니다.

박상우 | User-side Team Lead, 공동창업자

디어 공동창업 및 2년간 VP Product로 근무하였습니다. 베어로보틱스 엔지니어로 근무하였습니다. 창업 초기 본인이 살고 있는 원룸을 사무실로 제공할 정도의 투지를 가지고 있습니다. 창업 후 2주 안에 프론트엔드 개발을 독학 완료한 후 앱을 출시할 정도의 빠른 러닝커브를 가지고

있습니다. 서울과학고등학교 및 서울대학교 기계공학 학부를 졸업하였습니다.

이현직 | Seller-side Team Lead, 공동창업자

디어에서 풀스택 엔지니어로 근무하였습니다. 나무가 좋아서 휴학하고 목공소에 취직하기도 하고, 베트남어를 독학한 후 베트남 공장에 취직하기도 하며, 무엇이든 배우고 무엇이든 경험하고자 하는 헝그리함을 지니고 있습니다. 서울과학고등학교 및 서울대학교 물리학, 기계공학, 생명과학 학사 및 서울대학교 물리학 석사를 졸업하였습니다.

양**

간편 생수 주문 앱 물풍선을 운영했습니다. 8개월간 운영 및 마케팅을 담당하며 8천 다운로드 앱에서 7만 다운로드 앱으로 성장시켰습니다. 스파르타코딩클럽에서는 신사업 개발을 담당하여 3명의 인원으로 온라인 개발자 부트캠프 항해99를 론칭(취업률 92% 달성, 1기 대비 2기 수강생 수 2배 증가)했습니다. 오랫동안 창업을 갈망하던 와중에 레브잇 팀을 만나 함께 인생을 걸었습니다. 팀을 위해서라면 영업, 마케팅, 개발 등 영역과 상관없이 무엇이든 해냅니다. 고려대학교 체육교육과 및 소프트웨어벤처 학부를 졸업하였습니다.

전**

　학생 때 BYTE 창업, 경영전략학회(MCSA), 배달의 민족 전략 인턴십 등의 과정을 겪으며 비즈니스에 대한 이해 및 스스로에 대한 해상도를 높여왔습니다. 저는 비즈니스적 문제들을 정의하고 풀어가는 어려운 과정 자체를 즐깁니다. 그렇다고 머릿속으로 고민만 하기보다는 빠르게 실패하고 배우는 걸 선호합니다. 또한 함께하는 동료가 누구고 우리가 얼마나 몰입하고 있는지, 우리가 얼마나 큰 문제를 풀고 있는지를 중요하게 생각합니다. 이런 요건들을 충족하는 곳이 바로 레브잇이었고, 이곳에서 저는 도구와 수단을 가리지 않고 배워가며 문제를 풀어나가고 있습니다. 현재 올웨이즈 그로스팀에서 다양한 그로스 엔진들을 출시하고 성장을 만들어내고 있습니다. 서울대 경영학과 휴학 중입니다.

김**

　스무 살 때까지 피아노를 전공했으나, 입시 실패 이후 다른 길로 전환하며 재미를 느끼고 노력할 때의 삶에서 강력한 성장과 아웃풋을 낼 수 있다는 점을 알게 되었습니다. 연세대학교 통계학과 입학 이후 장기적으로 몰입할 수 있는 직업을 찾다가 공학의 실용성에 강한 매력을 느껴 컴퓨터 과학을 공부하기 시작했습니다. 이후 AI 스타트업 공동 창업, 카카오 데이터 사이언티스트로 근무하였으며, 데이터 분석 SaaS를 만드는 스타트업에 초기 합류하여 개발자 / 테크리드 / CTO 등의 직책을 맡으며 회사 성장에 크게 기여하였습니다. 기술적으로 폭넓은 경험을 했지만 이후 기술 외적인 문제들도 풀고 싶다는 갈망이 생겼고, 기술과 비즈니스 두 가지를 모두 풀 오너십을 갖고 할 수 있는 레브잇의 조직구조에 흥미를 느껴 합류했습니다.

김**

경제적 자유를 위해 대학 시절 과외로 종잣돈을 모아 2년 동안 아파트, 재개발, 토지, 빌딩 등 총 14건을 투자하여 10억 이상의 시세차익을 거두었습니다. 관련 경험을 기반으로 유튜브, 블로그 운영 중 책 출판 및 강사 제의와 부동산 투자회사로부터 파트너 제의를 받았지만, 세상의 더욱더 거대한 문제들을 해결하고자 모든 제안을 거절하고 레브잇 팀에 합류했습니다. 홀로 카테고리 확장 업무를 맡아서, 이를 위해 필요한 상품 대량 연동 시스템을 구축하여 상품 수를 수백 % 증가시켰으며, 셀러 등급 시스템을 만드는 등 문제를 해결하기 위한 것이면 어떤 것이든 합니다. 고려대학교 경영학과 휴학 중입니다.

한**

마이리얼트립에서 사업개발과 PO로 일했습니다. 해외여행이 막히게 된 상황에서 국내 관광 수익성 개선을 해내고 어트랙션 시장에 새로 진입하여 제로투원을 성공적으로 하여 수억 원의 거래액을 만들어냈었습니다. 지인의 소개를 통해 강재윤 대표를 만나고 레브잇 팀의 비전을 듣게 되었습니다. 굉장히 난이도 높은 비전을 가지고 있었고 이 비전을 누구와 함께 만들어가는지를 알기 위해 레브잇 팀원들을 만나보았습니다. 훌륭한 사람들이 비전을 달성하기 위해 일에만 몰입하고 있었고, 이 팀이라면 위대한 일을 만들어낼 수 있겠다는 생각이 들어 레브잇에 합류하게 되었습니다.

박**

공유 킥보드 서비스 디어에서 신사업 개발 및 프랜차이즈 마케팅을 총괄하였습니다. 당시 킥보드 수를 10배로 만드는 전략에 대해 고민했고, 실현시켰습니다. 해당 방법론을 당시 여러 국내 킥보드 업체들에서 따라 했고, 국내에 킥보드가 갑자기 10배 늘어나는 현상을(?) 만들었습니다. 이후 소상공인 사업 매매 플랫폼 다지를 운영하였습니다. 다만 성에 차는 팀원을 찾기가 어려워서 더 공격적으로 나아가지 못하고 방황하다가 올웨이즈의 팀원이 좋다는 평을 듣고 들어왔습니다. 빠른 액션을 기조로, 수많은 액션과 검증들이 필요한 분야에서 성과를 냅니다. 예를 들어 마케팅을 담당했을 때는 국내 온라인에서 진행 중인 광고를 3일간 수만 개가량을 수집하여 레퍼런스로 삼아 광고를 지속적으로 제작하고 실험하여 올웨이즈에 가장 fit한 광고가 무엇일지 단기간 내에 파악했습니다. 고려대학교 미디어학부를 졸업하였습니다.

방**

경제적 자유를 이루기 위해 2년간 다양한 사업을 시도했습니다. 빠른 iteration을 통해야만 PMF를 찾을 수 있다는 신념으로 약 20개 정도의 프로덕트를 개발했습니다. 오픈 직후 바로 수익화에 성공한 서비스도 있었지만, 세상에 더 큰 임팩트를 끼칠 서비스를 만들고 싶다는 갈망 하에 계속 실험을 해나갔습니다. 그렇게 모두가 매일 사용하는 소프트웨어 만들기를 갈망하던 중, 큰일은 혼자 해내기에 한계가 있다는 생각에 다다랐습니다. 같은 꿈을 가지고 있는 레브잇 팀에 합류해 훌륭한 사람들과 함께, 가지고 있는 모든 꿈을 이루고자 합니다. 연세대학교 산업공학 학부를 졸업하였습니다.

김**

대학원 졸업 후 3개월간 모은 400만 원으로 온라인 마케팅 중심의 온라인 유통사를 창업하여 창업 1년 후 연 매출 20억을 달성했습니다. 이후 캐치잇 잉글리시에서 퍼포먼스 마케터로 근무했고, APINEXT에서 CSO로 근무하며 화상 영어 신사업 전략 수립 및 마케팅팀 구축 등의 업무를 했습니다. 입사 직전에는 연 매출 100억 규모의 수입사에서 부대표로 재직하며 재고 추적 시스템 도입, 캐릭터 라이선스 신사업 수립, 젤네일 신사업 수립 등 다양한 분야의 사업개발을 진행했습니다. 디자인/마케팅/개발/기획을 프로페셔널하게 해내기 위해 분투 중입니다. 서강대학교에서 철학심화/철학-경제-정치를 전공하고, 동 대학원에서 언어분석철학으로 석사를 졸업했습니다.

장**

　뉴스레터 구독 관리 플랫폼 'Presso', 대학생 인턴 구직 플랫폼 'mebe'를 운영하였습니다. 큰 임팩트를 낼 수 있는 중대한 문제를 찾지 못해 방황하다가 '높은 가격'이라는 큰 문제를 풀고 있는 레브잇에 반해 합류하게 되었습니다. 고객 집착이라는 원칙 하나로 레브잇 팀 합류 후 한 달 만에 수십만 명의 가입을 만들기도 하였고, 가입자들의 유지율을 기존 대비 4배 증가시키기도 했으며, 첫 구매 전환율을 기존 대비 2배 이상 증가시킨 경험도 있습니다. Conversion 또한 1달 내 10% 이상 증가, Day 0 2배 이상 증가를 해냈습니다. 서울대학교 통계학과를 졸업하였습니다.

김**

　창업 아이템을 검증하고자 들어간 오늘의 집에서 인턴 과제로서 제안한 로드맵을 직접 사업화할 수 있는 기회를 얻었고, 이후 3D서비스팀에서 PO로서 근무하다가, 보다 작고 빠른 조직에 대한 갈망을 느껴 퇴사를 결정했습니다. 창업에 대한 고민을 하던 중 레브잇이라는 탁월한 팀을 만나 합류를 결정했습니다. 사업적으로 임팩트를 낼 수 있는 기획과 개발에 대해 고민하고 시도하고 있습니다. 후기 별점 필터 제작부터 시작하여, 올웨이즈의 딜 총괄로서 새로운 딜 구좌를 만들고 시스템화하여 딜을 전체 GMV 비중에서 큰 부분으로 끌어올린 성과를 만들어냈습니다. 서울대학교 독어독문학과와 벤처경영학과를 졸업하였습니다.

장**

포항공대 산업경영공학과를 졸업하고 Data Scientist로 커리어를 시작했습니다. 데이터를 기술로만 보지 않고 Business Impact까지 이어지는 경험을 하고 싶었고, Data-driven Marketing System을 처음부터 끝까지 구축하여 기존 마케팅보다 10배 이상의 성장을 이끌었습니다. 이를 인정받아 기존 조직에서 신사업 자회사 대표직까지 맡게 되었지만, 선한 영향력과 빠른 실행력을 갖춘 조직을 원했고, 이를 만족하는 레브잇에서 기존 조직을 벗어나 처음부터 다시 도전을 이어가고 있습니다.

이**

독학으로 배워서 각종 모바일 게임과 "안녕, 나"라는 힐링 커뮤니티 및 일기 어플을 만들었습니다. 뉴욕대학교에서 자유전공으로 관심이 있는 다양한 분야를 공부했습니다. EO 영상에서 나온 "찢기는 듯한 성장", 이 한마디에 바로 입사 지원을 하게 되었습니다. 기획, 개발, 데이터 분석 등 다 할 수 있는 Problem Solver로서 일하고 배울 수 있는 곳은 여기밖에 없다는 걸 알고 합류하게 되었습니다. 입사 후 올웨이즈의 리텐션을 책임지고 있는 여러 기능들에 대해 개선 작업을 했고, 해당 기능들로 기인한 매출 비중을 2배씩 늘렸습니다. 단 며칠의 기간 내에 미니게임과 같은 기능들을 지속적으로 개발하고 테스트하며 올웨이즈를 더욱 매력적인 커머스로 만들어 나가고 있습니다.

송*

가장 비싼 재화는 시간이라고 믿으며, 사람들의 시간을 아끼고 자유를 주는 사업을 하고자 레브잇에 합류하였습니다. 한때 웹툰 작가와 연구원을 꿈꿨지만, 필요한 미래를 앞당기는 기업가 정신에 매료되어 200만 원을 들고 독립해 창업한 적이 있습니다. 개발을 모르는 상태로 1주 만에 MVP 웹사이트를 개발해, 일 방문 1천 명을 달성하는 추진력과 학습력을 갖췄습니다. 5년간 스타트업에서 제품 기획/운영/개발/마케팅을 두루 맡았으며, 필요한 일이라면 무엇이든 해내기 위해 몰입합니다. 인플루언서 플랫폼 유하의 PO, 패션커머스 브랜디의 PM으로 일했으며, 브랜디 재직 당시 신규 쿠폰 도입의 메인 PM을 맡아 월 매출 수십억 원 및 객단가 10% 상승에 기여했습니다. POSTECH(포항공과대학교) 화학과를 졸업하였습니다.

정**

가치를 만들어 파는 사업의 메커니즘에 재미를 느껴 21세부터 창업을 시작하여 ROAS 1,000%, 수익화를 만들어냈습니다. 군 전역 다음날부터 모빌리티 스타트업에서 일하며 플랫폼팀 헤드를 맡아 신규 고객 유치, 신사업 개발, 서비스기획 등에 기여했습니다. 거대한 시장과 몰입하는 팀이 만나 위대한 기업이 탄생한다고 생각하여 레브잇에 합류하게 되었습니다. 레브잇과 함께 큰 임팩트를 위해 나아가고 있습니다. 한양대학교 경영학과 휴학 중입니다.

윤**

현존하는 가장 큰 문제를 기후변화로 정의하고 기후, 환경 문제 해결을 인생의 목표로 삼았습니다. 사회운동, 친환경 B2C 앱 운영, 환경 정책 연구, 환경 데이터셋 비교 앱 개발 등의 노력을 해왔습니다. 모두가 매일 사용하는 소프트웨어를 만들어 임팩트를 내는 것을 시작으로 지구상의 무수히 많은 문제를 해결하고자 하는 레브잇의 비전에 깊이 공감하여 망설임 없이 합류하였습니다. 뛰어난 레브잇의 팀원들과 꿈꾸는 세상을 만들 수 있을 거라 믿고 있습니다. 1만 시간의 법칙을 굳게 믿으며 몰입하여 투자한 네트 시간의 가치를 높게 평가합니다. 데이터를 기반으로 인사이트를 도출하는 것을 좋아하며 올웨이즈 유저들의 구매 전환율 상승을 위해 노력 중입니다. 예일대학교 휴학 중입니다.

손**

　더 나은 선택지를 만들고 전달하여 그 선택지를 선택하도록 사람들을 설득하는 것이 임팩트라고 생각합니다. 이 임팩트를 구조적으로, 지속 가능하게 만드는 방법이 비즈니스라고 믿습니다. 글로벌 서비스 서비스로 창업을 준비하며 사전 고객을 유치하였으나 더 큰 임팩트를 만들기 위한 조직과 경험에 대한 필요성을 느끼고 컨설팅 인턴, B2B SaaS 스타트업에서 전략 업무를 했습니다. 더 큰 시장과 빠른 속도와 더 넓은 범위의 문제 해결을 직접 경험하고자 레브잇에 합류하게 되었습니다. 성균관대학교 경영학과를 졸업했습니다.

윤**

　현대자동차 글로벌브랜드전략팀에서 커리어를 시작했습니다. 이후 투자 업계에서 개인사업을 운영하면서 투자수익 최대 2,000% 달성, 관련 서적 출판 등 다양한 성과를 창출했고, 투자 관련 스타트업에서 PO와 마케팅리더로 커리어를 이어왔습니다. 다양한 환경 속에서 무수히 많은 성공과 실패를 경험하면서 뼈저리게 깨달았던 것은 '나와 동료'입니다. 내가 얼마나 몰입할 수 있는지, 그리고 얼마나 함께 몰입할 수 있는 동료들이 있는지가 성공과 실패를 좌지우지한다고 생각합니다. 하나의 방향성 아래 한 몸으로 움직이는 팀이라면 실패도 성공으로 바꾸어 낼 수 있는 힘이 있다고 믿고 있습니다. 그리고 레브잇은 제가 꿈꾸던 팀의 모습과 가장 맞닿아 있습니다. '이 회사가 내 인생의 마지막 회사다'라는 마음으로 달리고 있습니다.

* 자료출처 : 올웨이즈 홈페이지 https://team.alwayz.co/

독자를 위한 꿈소의 한마디

굳이 이 책의 지면을 할애해서 올웨이즈의 인재들을 소개한 데에는 나름의 이유가 있습니다. 올웨이즈의 인재들은 단순히 한 기업의 구성원이 아니라, 기존의 틀에 도전하고 새로운 가능성을 창조한 이 시대의 문제 해결자들이기 때문입니다.

그렇다면 여러분은 어떨까요?

세상에는 여전히 수많은 문제가 존재합니다.

그리고 그 문제들은, 여러분이 그 답을 찾아주길 기다리고 있습니다. 모든 문제는 도전의 기회로, 모든 도전은 성장의 발판으로 이어집니다.

이제 여러분만의 답을 찾아볼 차례입니다.

04

1,000조 기업을 꿈꾸는 올웨이즈 팀장이 되다

올웨이즈에 뽑힌 구성원들은 각 팀의 팀장으로서 마치 대표처럼 자신의 일을 기획하고, 프로젝트의 처음부터 끝까지 모든 문제를 스스로 해결해야 하는 '프라블럼 솔버problem-solver'로 자리매김해야 했다. 유빈이도 그중 하나였고, 비록 어린 나이였지만 대한민국을 대표하는 형들과 누나들 사이에서 유빈이가 당당히 자기 몫을 해내기를 간절히 바랐다.

그러나 유빈을 대학에 보내지 않고 스타트업으로 향하게 했을 때, 또다시 주변 지인들과 친인척들로부터 유빈의 인생을 잘못된 길로 인도한다는 부정적인 말들을 많이 들었다. 누구도 가지 않은 새로운 길을 선택할 때 부모로서 모든 비난을 감수해야 했지만, 그럼에도 그 길을 선택한 아들이 무척 자랑스러웠고 잘해 낼 수 있을 것이라는 믿음이 있었다.

그 믿음은 틀리지 않았다. 유빈이는 올웨이즈에서 '올팡팡'이라는 게임 프로젝트를 기획하며 독창적인 방식을 시도했다. 작업 인원은 인도의 우수한 IT 인재들로 구성했고, 이는 한국 인건비의 5분의 1 수준으로 운영이 가능했다. 이런 선택은 단순한 비용 절감의 차원을 넘어 글로벌 인재와 협업하는 방식을 배우고 익히는 경험이었다.

유빈이가 인도 인력을 고용한 계기는 마이스터고 2학년 시절, 온라인으로 미국 스탠퍼드 대학 AI 강의를 듣던 중 창설한 AI 동아리 활동에서 비롯되었다. 그 동아리는 전 세계 대학생과 직장인 약 1,000명으로 구성되었고, AI 관련 교육자료를 공유하고 튜터링과 세미나를 개최해, 학습에 도움을 주고받는 친교의 장을 만드는 것이 목적이었다. 유빈이는 이 단체를 이끄는 회장으로서 전 세계와 소통하며 크고 작은 행사들을 기획해 나갔다.

특히 기억에 남는 것은 유빈이 AI 대회를 개최한다며 상금 지원을 요청했던 일이다. 당시 경제적으로 넉넉하지 않았던 터라, 나는 유빈에게 "실리콘밸리의 AI 회사들에 직접 연락해 대회의 취지를 설명하고 지원을 요청해 보라"고 제안했다.

일주일 뒤, 유빈은 밝은 목소리로 "모 기업에서 현금과 상품으로 약 1억 원 상당의 지원을 받기로 했다"라고 전해왔다. 처음엔

막막했지만, 용기를 내 도전하니 기대 이상의 성과를 얻게 되었다며 기뻐했다.

그렇게 성공적으로 개최된 전 세계 AI 대회에서 1위를 차지한 사람은 인도 대학생이었다. 이때 유빈은 인도에 뛰어난 IT 인재들이 많다는 것을 알게 되었고, 이를 계기로 올웨이즈 프로젝트에 필요한 인력을 인도에서 외주 고용하게 된 것이다.

시간대가 달랐기에 유빈은 새벽에 작업지시를 내리고, 낮에는 회사의 일상 업무를 처리하며 밤낮없이 노력했다. 올웨이즈에서 오로지 자신만의 실력과 열정으로 인정받기 위해 고군분투했고, 그 과정에서 스스로 선택한 길의 의미를 더욱 깊이 깨달았다.

남이 시켜서 억지로 하는 것과 스스로 선택한 길을 헤쳐 나가는 것의 차이는 확실히 드러났다. 어린 나이에 밤을 새우며 치열하게 도전하는 유빈의 모습을 보며 나는 마음속 깊이 고마움과 자부심을 느꼈다.

장하다, 내 아들아. 세상에 너만의 흔적을 남기는 그 길을 앞으로도 당당히 걸어가길 바란다.

05

시련을 딛고 일론 머스크를 넘어서는
자율주행 AI 팀장으로

올웨이즈의 팀장으로 첫 사회생활을 시작한 유빈이는 매 순간 자신에게 주어진 역할에 온 힘을 다했다. 프로젝트의 시작부터 끝까지 모든 것을 책임지고, 계획하고, 문제를 해결해야 하는 역할은 말 그대로 온몸을 불살라야 하는 도전이었다.

그렇게 하루하루 치열하게 나아가던 유빈이는 태어나 가장 힘든 시기를 보내고 있었다.

꿈소 : 모든 일을 혼자 감당하느라 힘들지 않니?

유빈 : 아니에요. 주변 팀장님들이 너무 대단하고 배울 점이 많아서 더 열심히 해서 인정받고 싶어요, 힘든 건 없는데, AI 공부를 따로 할 시간이 부족해 틈틈이 인터넷으로 최신 논문만 읽고 있어요.

우리나라 신생 스타트업 기업들이 다 그러하듯, 휴일도 밤낮도 없이 휘몰아치는 강행군 속에서도 유빈이는 "힘들어서 못 하겠다"라는 말을 단 한 번도 하지 않았다. 오히려 AI 공부할 시간이 부족하다는 아쉬움만 내비칠 뿐이었다.

꿈소 : 올웨이즈 팀장들은 모두 명문대 출신에 경력도 화려하고 너보다 훨씬 나이도 많잖니. 네가 마이스터고 출신이라는 이유로 힘든 일이 생길 수도 있어. 혹시라도 그런 일이 생기면 네가 먼저 양보하고 이해하는 것이 좋을 거야. 자신감은 넘치지만 사회생활 시작한 지 얼마 되지 않았으니, 네 능력을 증명하고 동료들과의 대화와 소통에서의 차이를 극복하도록 노력해야 해.

올웨이즈 동료들은 IT 전공자가 아닌 사람들도 많았지만, 팀장으로 뽑힌 순간부터 누구의 도움도 없이 자신의 업무를 스스로 해결해야 했다. 대부분의 구성원들이 회사에 모든 시간과 열정을 바쳐서 일하였고 그런 시스템 속에서 올웨이즈에 대한 유빈의 자부심도 높아졌다. 유빈이는 자신에게 주어진 업무를 그 누구보다 성실하게 잘 수행해 냈고, 어려운 고비를 넘기며 성장해 나갔다.

그러던 어느 날, 며칠을 밤샘 작업 해도 끄떡없던 유빈이 얼굴이 흙빛으로 변한 채 집으로 들어와 거실 한가운데에 털썩 쓰러졌다. 그러고는 아무 말 없이 한참 동안 천장만 뚫어지게 쳐다보았다.

유빈의 모습을 본 순간 무언가 심상치 않은 일이 생겼음을 직감했지만, 아무 말도 묻지 못했다. 유빈이가 스스로 말을 꺼낼 때까지 기다리기로 했다.

유빈 : 나, 지금부터 재수해서 명문대에 갈까?

'아니, 이게 도대체 무슨 말이지?' 순간 당황스러웠다.

꿈소 : 유빈아, 무슨 일이 있었는지는 모르지만, 고민이 많은가 보구나. 명문대를 가기 위해 재수하려는 마음은 이해하지만, 좀 더 차분하게 생각해 보자. 지금까지 잘해왔던 것처럼 현업에서 실무를 배우면서 부족한 부분을 전 세계 온라인 교육을 통해 보충하면 더 낫지 않을까? 단순히 명문대 이름을 얻기 위해 재수하는 것보다는, 필요한 학문을 배울 수 있는 곳이 더 좋을 것 같아. 국내 명문대 교수들도 너처럼 하버드나 스탠퍼드의 AI 교육을 온라인으로 받지 않니? 네가 원하는 AI 교육은 오히려 해외 사이버대학이나 최신 학술논문으로도 충분할 것 같은데…. 혹시 회사에 문제라도 있는 거니?

한참의 적막이 흐른 뒤에야 비로소 유빈이 조심스럽게 속마음을 털어놓았다.

유빈 : 동료 팀장님들과 업무적으로는 밀리지 않는데, 팀장들과의 팀

워크에서 의사소통에 문제가 있는 것 같아요. 아무리 혼자 열심히 한다고 해도 서로 의견을 교환해야 성과를 더 높일 수 있을 텐데, 그게 너무 버거워요….

나는 고개를 끄덕이며 말했다.

꿈소 : 그건 충분히 일어날 수 있는 일이고, 어느 정도 예측했던 일이니 괜찮아. 네가 잘못해서가 아니야. 유빈아, 너는 올웨이즈의 팀장으로서 최선을 다했고, 우리는 그런 너를 지켜보는 것만으로도 자랑스러웠어. 너는 지금도 잘하고 있어. 그러니 올웨이즈 대표님들을 만나 함께 상의해 보도록 하자.

올웨이즈의 공동 대표님들은 그동안 유빈의 탁월한 능력을 높이 평가하며, 유빈을 AI 개발자로 키우는 일에 적극 협력해 주었다.

일주일 후 유빈은 올웨이즈 공동 대표님의 추천으로 AI 분야 대한민국 최고의 스타트업 '맨드언맨드'의 핵심 멤버로 이직하게 되었다. 높은 연봉과 스톡옵션, 그리고 무엇보다 유빈이 열망하던 AI 개발에 전념할 기회가 주어진 것이다.

준비된 사람은 언제든지 다시 일어설 수 있고, 좋은 기회를 얻게 된다는 교훈을 다시 한번 새길 수 있었다. 이직 후 회사의 교육과 끊임없는 자기 노력의 결과로, 유빈은 이제 일론 머스크를 넘어서는 글로벌 자율주행 AI를 개발하는 팀장으로서, 회사 내의 핵심 역할을 수행하게 되었다.

시련은 유빈이를 더욱 단단하게 만들었다. 유빈이 만들어가는 내일은, 분명 유빈의 어제보다 더 찬란할 것이라 믿는다.

자율주행 AI
WoRV (World model for Robotics and Vehicle control)

지혜로운 어머니 ①

맹자 / 괴테의 어머니

맹자의 어머니,
"맹모삼천지교로 맹자를 키우다"

맹자 (대략 BC 372~BC 289년)

맹자는 중국 전국시대의 대표적인 사상가로, 유학 사상을 발전시키는 데 중추적인 역할을 하였습니다. 그는 유학儒學 사상의 중요한 학파인 성선설性善說을 주장하였으며, 인간은 본래 선한 본성을 가지고 태어난다고 믿었습니다.

맹자의 사상은 이후 중국 사상사와 정치 철학에 큰 영향을 미쳤으며, 그의 저서인 『맹자』는 공자 이후의 가장 중요한 유가 경전 중 하나로 여겨지고 있습니다. 그의 철학적 접근은 후대에 많은 존경과 연구의 대상이 되었습니다.

부모님

맹자의 어머니 성은 구씨였으며, 아버지인 맹격은 재능은 있었으나 기회를 만나지 못하여 불우한 삶을 살았던 인물이었습니다. 맹격은 가문의 명예를 위해 송나라로 유학을 떠났다가 3년 뒤 타향에서 쓸쓸히 생을 마감하였습니다.

맹자의 어머니는 학문에 대한 조예가 깊지는 않았지만, 자녀들에게는 헌신적이었습니다. 맹자의 아버지가 타국에서 사망한 이후, 온갖 경제적인 어려움 속에서도 맹자에게는 한결같이 흐트러지지 않는 마음으로 좋은 귀감이 되어준 실로 위대한 어머니였습니다.

중요시한 교육

맹모삼천지교(孟母三遷之敎)
(출처: 바이두)

맹모삼천지교, 자녀의 성장환경을 가장 중요하게 여기다

맹자는 어릴 적 공동묘지 근처에서 장례 놀이를 흉내 내며 놀았습니다. 이를 본 어머니는 즉시 결단을 내려 이사를 감행했습니다. 그러나 새로 이사한 곳은 시장 근처였고, 맹자가 상인의 행동을 따라 하며 놀자 다시 한번 집을 옮겼습니다. 세 번째로 정착한 서당 근처에서는 맹자가 자연스럽게 학문과 예법을 배우기 시작했습니다.

맹자의 어머니는 환경이 아이에게 미치는 영향을 깊이 이해하고 행동으로 실천한 선구적 부모였습니다. 오늘날에도 동서양 부모들에게 감동을 주는 '맹모삼천지교孟母三遷之敎'는 바로 이 일화에서 유래했습니다.

중도에 포기하면 시작하지 않은 것보다 못하다

공자의 손자인 자사가 학교를 세우자, 맹자의 어머니는 맹자가 열다섯 살이 되던 해에 훌륭한 스승 아래서 정식으로 유학을 전수하도록 학교에 보내게 됩니다. 그러나 맹자는 공부를 시작한 지 얼마 지나지 않아 갑자기 집으로 돌아오고 말았습니다.

어머니는 속으로는 무척 반가웠지만, 감정을 억누르고 침착한 목소리로 물었습니다.

"그래, 공부는 다 마쳤느냐?"

맹자가 대답했습니다.

"공부를 다 마치다니요? 어머니가 너무 보고 싶어서 왔습니다."

그 말을 들은 어머니는 아무 말 없이 가위를 들고 어렵게 짜고 있던 베를 두 조각으로 잘라버렸습니다. 놀란 맹자에게 어머니는 말씀하셨습니다.

"네가 글공부를 도중에 그만두는 것은, 내가 지금 짜고 있던 베를 이렇게 끊어버리는 것과 같다. 중간에 학문을 포기하면 앞으로 어떻게 처자를 먹이고 훌륭한 사람이 될 수 있겠느냐?"

어머니의 단호하고 사랑이 넘치는 엄격함이 맹자의 마음에 깊이 새겨져 이후 그는 밤낮으로 열심히 글을 공부하게 되었습니다.

자녀가 자신의 길을 갈 수 있도록 격려하다

제나라의 선왕은 맹자의 탁월한 정치적 식견과 도움에 깊이 감명을 받아 큰 상을 내리려 했습니다. 그러나 맹자는 조용히 고개를 저으며 거절했습니다.

"군자는 어울리는 자리가 따로 있으며, 쉽게 얻은 상은 결코 진정한 가치가 없습니다."

맹자는 명예와 부귀를 탐하지 않았지만, 송나라로 가서 자신이 품었던 정치적 포부를 실현하고 싶었습니다. 그러나 연로한 어머니를 홀로 두고 떠날 수 없어 수차례 결정을 미뤘습니다. 세월은 어느새 30년이라는 긴 시간이 흘러갔고, 맹자는 쉰 살이 되었습니다. 그의 어머니 역시 일흔을 넘긴 나이가 되어 있었습니다.

맹자는 흐르는 시간을 보며 자신이 너무 늦었다고 생각했고, 이젠 정치적 꿈을 이루기에는 어렵다고 여겼습니다. 더 이상 어떤 일에서도 기쁨을 느낄 수 없게 된 그의 모습은 안타까움을 자아냈습니다. 이 사실을 알게 된 어머니는 맹자를 불러 조용히 말했습니다.

"삼종지도三從之道를 알고 있느냐? 어릴 적에는 부모를 따르고, 출가하면 남편을 따르며, 남편이 죽으면 자식을 따르는 것이 여자의 길이라 하였다. 나는 이제 늙었으니, 너는 더 이상 나를 위해 너의 꿈을 접어서는 안 된다. 너의 길을 따르거라. 나는 그 길을 따를 것이다." 어머니의 단호하면서도 따뜻한 말은 맹자의 가슴 깊이 새겨졌습니다. 그는 어머니의 응원을 등에 업고 여러 나라를 돌아다니며 정치적 이상을 펼쳤고, 전에 없던 존경과 환영을 받았습니다.

맹자의 어머니는 굳은 의지와 지조로 아들의 삶을 이끌었고, 그녀의 결단과 사랑은 단단한 바위처럼 후세의 기억에 남았습니다. 오늘날에도 그녀의 희생과 통찰력은 사람들에게 깊은 감동을 주며 끊임없는 찬사를 받고 있습니다.

괴테의 어머니,
"어려서부터 문학을 가르치다"

요한 볼프강 폰 괴테 (1749~1832년)

요한 볼프강 폰 괴테는 독일의 대표적인 작가, 시인, 예술가, 과학자이자 정치인입니다. 그는 『파우스트』, 『젊은 베르테르의 슬픔』, 『빌헬름 마이스터의 수업시대』 같은 유명한 작품을 남겼습니다. 괴테는 독일 낭만주의의 중심인물로, 그의 작품은 독일 문학과 전 세계 문학에 큰 영향을 미쳤습니다.

부모님

괴테의 어머니 엘리자베스는 프랑크푸르트 암마인 시장의 딸이었고, 문학을 좋아했기에 문학적 기초가 탄탄하여 어린 괴테에게 일찍부터 문학에 관한 다양한 이야기를 많이 들려주었다고 합니다. 아버지 요한 카스파르 괴테는 왕실 고문관이었기에 지식과 학문이 깊었으며 다른 자녀들은 어린 나이에 죽어 괴테에 대한 사랑은 남달랐다고 합니다.

괴테는 북 독일계 아버지로부터 '체격과 근면한 생활 태도'를, 남 독일계의 어머니로부터 예술을 사랑하고 '이야기를 지어내는 흥미'를 이어받았고, 풍족한 가정 환경에서 자라나 어려서부터 그가 원하는 대로 부족함 없이 고등 교육을 받을 수 있었습니다.

중요시한 교육

아이에게 우월감을 심어주지 않는다

괴테는 집안의 유일한 아들로서, 부모의 기대를 한 몸에 받았습니다. 부모는 아들이 장래에 훌륭한 사람이 되기를 바랐기에, 부유한 환경에서도 철부지로 자라지 않도록 독립심을 기르는 데 중점을 두었습니다.

특히 어머니 엘리자베스는 평소 "나는 절대로 괴테에게 우월감 같은 걸 심어주고 싶지 않았다"라고 말한 것으로 전해집니다.

풍부한 상상력을 길러주다

괴테의 어머니는 문학 이야기나 흥미로운 이야기를 해줄 때, 이야기의 절정에서 멈추어 괴테가 다음 이야기를 상상할 수 있도록 했습니다. 그녀는 "다음 이야기는 어떻게 이어질지 상상해 보렴"

이라고 말하며 괴테의 궁금증을 유발했습니다.

이러한 교육 덕분에 괴테는 상상력과 추리력이 자랐고, 일곱 살 때는 '새로운 팩리스'라는 시적인 동화를 쓰기도 했습니다.

아이의 관심을 경험으로 바꾸다

괴테의 어머니는 그에게 다양한 연극을 보여주며, 연극과 관련된 인형이나 소품을 선물해 친구들과 연극을 즐길 수 있도록 하였습니다. 어린 나이에 직접 연극을 준비하면서, 괴테의 목소리와 말투는 다채로워졌고 감성도 풍부해졌습니다.

하지만 반복되는 연극을 본 관객들이 조금씩 싫증을 내기 시작하자, 괴테는 직접 무대의상과 소품을 제작하고 각본을 다시 고쳐서 관객들이 지루해하지 않도록 노력했습니다. 매번 새로운 연극을 보여주기 위해 끊임없이 창의력을 발휘했습니다.

괴테는 후일에 이렇게 말했습니다. "당시에는 매번 새로운 연극을 준비하는 일이 무척 힘들었지만, 지나고 보니 그것이 표현력과 상상력, 창조력을 넓히고 다양한 기교를 익히는 데 아주 큰 도움이 되었습니다."

시야를 넓혀주기 위해 끊임없이 노력하다

괴테의 어머니 엘리자베스는 아들의 시야를 넓히기 위해 수많

괴테의 어머니 엘리자베스

은 사물에 관해 설명해 주거나, 괴테를 데리고 여행을 다니며 각 지역의 역사, 풍토, 자연환경에 대해 상세히 설명해 주었습니다. 그 덕분에 괴테는 동식물의 이름과 특징을 많이 알게 되었고, 자연과학에 깊은 관심을 가지게 되었습니다.

엘리자베스는 괴테가 다양한 외국어와 미술, 음악, 무용 등을 배울 수 있도록 세심한 배려를 아끼지 않았습니다. 여덟 살 때부터 독일어, 프랑스어, 이탈리아어, 라틴어, 그리스어 등 다양한 언어로 된 서적을 읽을 수 있었고, 열네 살에는 극본을 쓰기 시작했으며, 스물다섯 살에는 전 세계를 사로잡은 걸작 『젊은 베르테르의 슬픔』을 발표하게 됩니다.

1786년, 괴테가 독일을 떠나 몇 년간 이탈리아를 여행하던 중 엘리자베스의 건강은 점점 악화되었습니다. 아들이 너무 그리웠지만, 엘리자베스는 자신의 상황을 괴테에게 알리지 않았습니다. 1808년, 엘리자베스는 세상을 떠나기 전에 괴테의 어린 시절을 떠올리며 이렇게 말했습니다.

"괴테가 어렸을 때 내 발 옆에서 뛰놀던 것이 마치 어제 일 같구나."

어머니의 사후, 괴테는 어머니를 향한 그리움을 깊이 간직했습니다. 어머니의 위대한 가르침과 노력의 결실로 1831년, 세계를 감동시킨 불후의 명작『파우스트』를 전 세계에 남기게 되었습니다.

PART II

산골에서 피어난
꿈의 씨앗

01

예봉산 산골짜기 축사를 개조한
보금자리에서 자라다

✳

이 책을 읽는 많은 사람이 마이스터고 출신의 19세의 어린 유빈이 이룬 성취를 보며, 아마도 특별한 집안에서 태어나 천재로 자라났을 것이라고 짐작할 것이다. 하지만 유빈의 성장 배경을 알게 된다면, 이런 편견은 산산이 깨질 것이다.

유빈이의 이야기를 시작하기에 앞서, 그가 어떤 환경에서 자라났는지 먼저 들려주고자 한다.

나는 유빈의 아버지, 꿈소꿈꾸는 소년이다. 공대를 졸업한 후 사업가로 활동하며, 돈을 버는 이유는 소외된 이웃을 돕기 위함이라 믿으며 살았다. 늘 "꿈은 공짜니 마음껏 크게 꾸라"라고 말하며 지냈더니, 지인들이 나를 '꿈꾸는 소년'이라 불렀다.

하지만 꿈이 크면 현실의 벽도 높게 마련이다. 지나치게 사업을 확장하다 결국 34세에 모든 것을 잃고 말았다. 우리 가족은 예봉산 중턱의 오래된 축사를 개조한 집에서 새로운 시작을 해야 했다.

축사에서 자녀를 키웠다고 하니 불쌍하게 보는 사람이 많지만, 사람이 살 수 있도록 모델하우스를 정리할 때 버려지는 자재들을 구해와서 축사 안에 있을 것은 모두 있었다. 비록 불편함은 있었으나 네 식구가 살기에 부족함은 없었다.

꿈소, 꿈소 아내, 유빈, 동생 휘성. 이렇게 4명은 예봉산 중턱의 혹독한 추위를 서로의 체온과 사랑으로 이기며, 유빈이가 초등학교 1학년이 될 때까지 살았다.

나는 아내에게 늘 이렇게 말했다.

"주변에 문화 시설은 고사하고 흔한 편의점도 없는 산골에다가 TV조차 나오지 않는 곳이니, 아이들이 마음껏 뛰어놀고 자라기에 참 좋은 곳이라 참 감사해."

처음에는 황당해하던 아내도 내가 "좋다, 정말 좋다, 우리는 축복받았다"라고 반복해서 말하자, 점차 긍정적으로 바라보기 시작했다. 자연 속에서 아이들과 함께하며 시간이 순식간에 흘렀다.

그곳은 아이들에게 물질적 풍요는 없었지만, 진정한 자유와 배움의 공간이었다. 집 주변에는 논과 밭이 널려 있었고, 봄이면 올챙이를 잡아다 개구리가 될 때까지 키우곤 했다. 저녁이면 한강이 보이는 큰 창문으로 불빛이 스며들었고, 창가에는 장수하늘소,

풍뎅이, 여치 같은 곤충들이 붙어 있었다. 아이들은 곤충을 잡아 노는 데 푹 빠져 곤충 박사가 되어갔다. 그 시절 찍은 곤충과 파충류 동영상은 지금도 소중한 추억으로 남아 있다.

아이들에게는 이 모든 것이 천국이었다. 교육열이 높은 대한민국 부모들이 흔히 보여주는 방식과는 달랐지만, 나는 자연 속에서 배우고, 경험하고, 자유롭게 성장하는 환경이 진정한 교육이라 믿었다.

예봉산에서 보낸 시간은 우리 가족 모두에게 큰 배움이었다. 나는 종종 아이들에게 말했다.

"생각하기 나름이야. 지금 우리가 처한 환경이 지옥이 될 수도, 천국이 될 수도 있어. 어려운 문제가 닥치면 긍정적으로 생각하고, 해결이 만족스럽지 않아도 '이 정도로 마무리된 게 참 다행이다'라고 받아들이면 돼. 그렇게 살면 문제 될 일이 하나도 없어."

이 단순한 철학은 우리 가족을 지탱했다. 축사 보금자리에서 보낸 날들은 아이들이 어떤 상황에서도 포기하지 않는 근성과 긍정의 태도를 배운 시기였다. 그 경험이야말로 아이들이 지금의 자리에 오를 수 있었던 진정한 토대였다.

그곳은 단순한 축사가 아니었다. 꿈꾸던 모든 가능성의 시작점이었다.

산골의 봄, 여름, 가을
그리고 겨울

꿈소와 아내는 도시에서 나고 자란 터라 산골에서의 생활이 낯설고 불편했지만, 한 해 두 해 산골의 봄, 여름, 가을, 겨울을 보내면서 즐겁고 행복한 추억을 많이 쌓게 되었다. 산골에서 보낸 사계절은 단순한 시간이 아니라, 가족의 사랑과 의지가 깊어지는 여정이었다.

봄이 오면 예봉산 자락은 꽃향기로 가득 찼다. 목련, 매화, 산수유, 벚꽃은 물론 이름 모를 야생화들까지 만발해 산골의 봄은 도시에서는 상상할 수 없는 색감과 향기로 펼쳐졌다. 산책길마다 지천으로 깔린 산나물을 보면, 밥상에 오를 행복감에 저절로 콧노래가 흘러나왔다. 그토록 고단했던 삶 속에서도 자연은 우리의 마음을 어루만지며 다시 힘을 내게 했다.

산골의 여름은 그 자체로 선물이었다. 푹푹 찌는 도심의 더위

싹이 너무 자란 불량 감자를 심는 초보 농부들

와 달리, 예봉산의 여름은 창문을 열면 산 위에서 불어오는 청량한 바람만으로도 충분했다. 에어컨도, 선풍기도 필요 없었다. 하늘 맑은 여름 아침이면 두 아들과 밀짚모자를 눌러쓰고 집 근처 시원한 개울에서 멱을 감거나 계곡에서 가재와 피라미를 잡는 즐거움이 넘쳤다.

가을이 되면 산골은 황금빛으로 물들었다. 초보 농사꾼인 우리가 거둔 수확물은 보잘것없었지만, 아이들과 함께 수확한 감자와 옥수수는 세상 어느 진수성찬보다도 더 달고 귀했다. 가족이 함께 거둔 가을의 결실은 물질의 양이 아니라 사랑과 노력으로 빛났다. 농사를 짓는 동안 아이들의 손끝에는 자연의 소중함이, 우리의 마음속에는 감사의 의미가 깊이 새겨졌다.

그러나 겨울은 다른 계절과 달랐다. 산골의 겨울은 길고 혹독했다.

경제적으로 넉넉했더라면 축사를 개조해 살지 않았을 것이고, 난방비 걱정 없이 한겨울의 정취를 즐겼을지도 모른다. 우리 가족이 지낸 축사는 방한 시설이 허술했고, 아무리 보일러를 틀어도 허술한 문틈 사이로 찬바람이 파고들었다. 방 안에 놓인 물컵 속 물이 얼 정도였고, 주방과 화장실의 수도는 꽁꽁 얼어버려 사용할 수 없게 되는 날들이 이어졌다. 겨울이 되면 집 안은 마치 동화 속 '겨울 왕국' 같았다.

난방비 걱정에 보일러를 맘껏 사용할 수도 없어 직접 온돌을 구하기로 했다. 개울가에서 큰 납작 돌을 주워 와 20분 정도 가스레인지 위에서 달군 뒤, 신문지와 헝겊으로 감싸 두꺼운 목화솜 이불 속에 넣어두면, 8시간 정도 이불 속이 따뜻해졌다. 그 이불 속에서 네 명의 가족이 옹기종기 모여 지냈다.

이불 속은 따뜻해도 이불 밖으로 나온 얼굴은 시원해서 콧김이 나오는 아이들의 얼굴을 보고는 "우리 집이야말로 한의학에서 말하는 '머리는 시원하고 발은 따뜻한' 아주 좋은 환경이야"라며 큰 소리로 웃곤 했다. 겨울밤, 콧김을 내뿜으며 잠든 아이들을 바라보며 웃음을 터뜨리던 그 시간은, 우리 가족이 함께 버텨낸 용기와 사랑의 증거였다.

그때를 돌이켜보면, 그 겨울은 모든 평범한 일상이 다 일시 정지된 '겨울 왕국' 그 자체였다. 지나온 인생을 이야기할 때는 이렇게 재미있지만, 그 당시 현실은 아무리 꿈을 먹고 사는 꿈소라 할지라도 힘들게 느껴졌다.

산골축사, '겨울 왕국'

그렇게 봄, 여름, 가을, 겨울이 몇 번 바뀌는 동안 다행히도 아이들은 부족함을 느끼지 못하고 밝고 행복하게 잘 자라 주었다. 아이들에게는 자신이 접하는 것이 세상의 처음이자 전부였고, 비교할 대상이 없었기에 부모들만 흔들리지 않고 아이들을 인도한다면 잘 자랄 수 있다는 확신을 이곳에서의 값진 경험을 통해 얻게 되었다.

산골축사에서 맞이한 계절들은 우리 가족의 사랑과 긍정의 힘으로 새겨진, 함께여서 가능했던 기적의 나날들이었다.

03

산골에서의
유년시절

———

✳

    산골에는 일찍 어둠이 찾아와 밤이 무척 길었다. 해가 지면 세상은 고요해졌고, 긴 밤은 가족이 함께 집 안에서 보내는 시간으로 가득 찼다. 당시 우리 집에는 텔레비전조차 없었기에 아이들에게는 하루가 그 자체로 끝없는 탐험과 놀이의 연속이었다.

    이제 막 걸음마를 시작한 유빈이와 휘성이는 가만히 있을 줄 몰랐다. 호기심 가득한 눈빛으로 온 집안을 누비며 재미있는 놀거리를 찾아 나섰다. 아이들은 눈에 먼저 반응하기 때문에 도심 서점에서 구한 한글이나 곤충, 알파벳이 그려진 커다란 도감을 마치 벽지처럼 아이들이 자주 가는 곳마다 눈높이에 맞춰 붙여 놓았다. 잘 보이는 곳에 붙여 두고 항상 보이도록 하니, 아이들이 조금씩 관심을 보이기 시작했고 아내와 나는 그 순간을 놓치지 않고 아이들의 호기심에 반응해 주었다.

나는 경상도 사투리가 심하고 영어 발음도 엉망이었지만, 그게 무슨 상관이랴. 아이들에게 필요한 건 완벽한 발음이 아니라, 자신감 있는 목소리와 부모의 진심이었다. 나는 아이들 앞에서 과감하게 영어 단어를 소리 내 읽고, 사투리로 곤충 이름을 외쳤다. 대신 영어 발음이 걱정될 땐 CD 음원을 활용했다. 여러 가지 발음을 들려주고, 아이들이 자연스럽게 듣고 따라 할 수 있도록 환경을 만들어 주었다.

만약 '영어 발음이 이상해서' 혹은 '영어를 잘 못해서' 입도 떼지 않는 부모님이 있다면, 아무 걱정 말고 자신감 있는 목소리로 들려주길 바란다. 아이들에게는 놀라운 능력이 있어서 언어를 인지하게 되면 자연스럽게 CD나 영상 속의 멋진 소리를 따라가게 된다. 유아기 때는 틈만 나면 벽에 붙은 것을 마치 재미있는 게임을 하듯 부모가 먼저 소리를 내어 읽고 아이들이 따라 하게 하기를 권한다. 이러한 작은 것들이 아이들에게 학습이 아닌 기쁨이 되어, 가족 모두가 즐겁고 화목해지는 경험으로 쌓이게 될 것이다.

나는 아이들이 자랄 때 집 안이 너무 깔끔하면 도움이 되기보다 잃는 것이 더 많을 것이라고 생각했다. 그래서 우리가 살았던 산골 집은 도심 속 먼지 하나 없이 깨끗한 아파트에서 자라난 아이들은 상상조차 하기 힘들 정도로 자연 그 자체에 가까웠다.

깨끗한 벽이라고는 찾아볼 수 없는 방 안

    집이 놀이터여서 온 집의 벽에 아이들이 마음껏 낙서할 수 있도록 커다란 종이를 붙여 주었고, 바깥마당에서 함께 놀던 개구리, 잠자리, 메뚜기 같은 곤충들은 언제나 아이들의 초대를 받아 집 안을 함께 누볐다. 아이들이 진탕 어질러 놓으면 야단치고 정리 정돈하기보다는, 그대로 펼쳐 놓고 많이 접할 수 있도록 하는 것이 유빈이와 휘성이에게는 더 좋았던 것 같다. 그것이 아이들에게는 창의력과 감수성을 키워주는 밑거름이 되었고, 우리 가족에게는 사랑과 웃음으로 빛나는 추억으로 남았다.

    그 시절은 고단했지만, 산골에서 보낸 아이들의 유년시절은 부족함 속에서도 풍성하고 따뜻했다.

04

책 찾아 삼만리!
아파트 재활용장에서 보물을 찾다

아이가 3살쯤 되니 한글을 조금씩 깨치기 시작했고 책에도 관심을 보이기 시작했다. 낮에는 자연 속에서 실컷 뛰어놀다가 해가 지면 집으로 돌아왔지만, TV가 없으니 저녁에는 아이들이 무척 심심해했다. TV를 대신해서 아이들의 호기심과 지루함을 달래 줄 무언가가 절실했다. 그래서 처음에는 아이들이 좋아하는 책을 사러 서점에 갔는데, 책값이 비싸 몇 권밖에 살 수 없었다.

같은 책을 여러 번 읽어주다 보니 아이들이 금세 지루해했고, 더 많은 책이 필요해졌다. 하던 사업을 정리하고 아무도 모르는 조용한 곳에 살았기 때문에 가까운 가족이나 지인들이 없어 책을 빌리거나 구하기도 어려웠다. 경제적인 여유 또한 없어 아이들이 읽고 싶어 하는 책을 마음껏 사줄 수도 없었다. 궁여지책으로 도심에 내려가 아파트 단지 쓰레기장 한쪽에 쌓여 있는 재활용 수거용 책들을, 경비에게 사정을 말하고 가져오기 시작했다.

아이들이 좋아하는 책들을 구해온다는 생각에 부끄러움도 자존심도 생각할 겨를이 없었다. 비록 남들이 버린 책들이었지만 우리 아이들에게는 마치 보물과도 같았다. 양손 가득 무거운 책들을 들고 집에 가져와 깨끗이 먼지와 얼룩들을 닦아 낸 뒤, 아이들이 읽기 쉽도록 거실 한쪽 바닥에 깔아 두면 아이들은 마치 재미있는 장난감을 만난 것처럼 손뼉을 치며 기뻐했다.

아이들은 배고픔도 잊은 채 조용히 그들만의 책의 세계에 빠져들었다. 만약 그때 우리 집에 TV가 있었다면, 과연 아이들이 책을 이렇게 좋아하게 되었을까? 아마도 아이들의 시간을 차지하며, 이 감동적인 순간들을 모두 빼앗아 갔을지도 모른다.

책 없는 집에서 TV에 길들여진 아이들은 부드럽고 달콤한 음식을 찾는 사람과 같지 않을까? 혀끝에서 살살 녹는 달콤하고 부드러운 맛에 한번 길들여지면 자연에 가까운 '거친 음식'을 먹기 쉽지 않다. 아이들에게 '거친 음식'을 주다 '부드러운 음식'을 주게 되면 당연히 부드러운 음식에 먼저 손이 가게 마련이다. 간혹 자연에 최대한 가깝게 가공되지 않은 '거친 음식'이니 건강에 도움이 돼 싫지만 참고 먹으려는 몇몇 특별한 아이가 있을 수는 있다. 하지만 인간은 대부분 부드럽고 맛있고 편한 것을 추구하게끔 되어 있다.

그렇게 TV가 없는 산골에서, 책 읽는 것이 아이들에게 하루 중 가장 큰 즐거움이 되어갔다. 아침에 잠에서 깨어나거나 밤에 잠들기 전에는 침대 벽에 붙은 한글과 영어를 소리내어 읽어보며 기쁨을 느꼈다. 낮에는 산골 마당 앞 닭장에서 키우던 닭이나 강아지와 뛰어놀았다. 그러다 싫증 나면 까치, 산비둘기들을 쫓아다니기도 하고 메뚜기, 잠자리, 개구리, 나비 등 곤충들과 마치 친구처럼 정겨운 대화를 나누기도 했다.

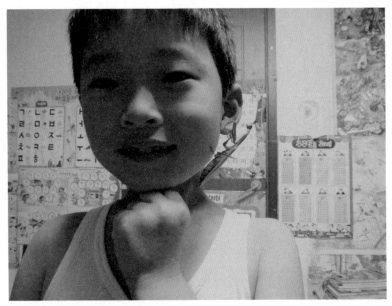

집 안에서 개구리, 사마귀와 함께 살아요!

텃밭에 골고루 심어둔 참외, 수박, 방울토마토, 가지, 오이, 고추, 상추 등을 작은 고사리손으로 가꾸기도 했다. 그 과정에서 생명의 소중함과 자연의 이치를 배우는 아이들의 모습은 보석처럼 빛났다. 이렇게 놀거리가 풍성한 밖에서 지치도록 놀다가 해가 져 어두워지면, 다시 책이라는 놀거리가 기다리고 있었다.

그 시절 산골은 아이들에게 말 그대로 천국이었다. 그렇게 하루하루 시간이 흘러가는 동안, 아이들은 몸과 마음이 모두 건강하게 잘 자라고 있었다.

남들이 보지 못한 가치를 찾아낸 그날의 아파트 재활용 처리장, 그리고 책으로 물들었던 아이들. 그것은 아이들에게 또 다른 삶을 선물하였다. 산골에서 흘러간 시간은, 우리 가족 모두에게 잊을 수 없는 추억이 되었다.

와부읍 도서관으로
가족 나들이하다

아이들이 너무 재미있게 책을 읽다 보니 아파트 재활용 처리장을 수시로 탐험하게 되었고, 어느 날 재활용 책을 세어보니 1,000권 이상 되는 것 같았다. 책을 구할 여건이 힘들거나 형편이 어렵다고 그저 막막하게만 있었다면 우리 아이들에게 1,000여 권의 책을 읽는 기쁨을 전혀 주지 못했을 것이다.

아파트에서 구할 수 있는 책들의 수준이 거의 비슷하다 보니, 이제 아이들에게 다양한 책들을 제공해 주기 위한 다음 단계를 준비해야 했다.

당시 우리 가족이 살던 곳은 남양주의 한 시골 마을이었다. 마침 그 무렵, 외진 곳에도 도서관이 많이 생기기 시작했다. 와부읍에 새로 세워진 도서관도 그중 하나였다. 도서관에 예산을 편성한 당시 정부 관계자의 도서관 정책이 대한민국 교육에 선한 영향력을 미쳤고, 그 덕분에 오늘날 유빈이와 같은 인재가 나오게 되지 않았나 생각한다. 이 지면을 빌어 참 감사하다는 마음을 전하고 싶다.

산골에서 자연 속에 둘러싸여 살았던 아이들에게 와부읍에 새로 지어진 도서관은 눈이 휘둥그레질 만큼 특별한 신세계였다. 우선 크고 웅장한 건물 안에는 아이들이 생전 처음 맛보는 맛있는 간식을 파는 구내매점이 있었고, 층마다 다양한 종류의 책들이 서가에 빼곡히 꽂혀 있었다. 하지만 그중에서도 우리 아이들의 마음을 가장 사로잡은 곳은 고전 영화부터 최신 영화까지 마음껏 볼 수 있는 비디오실이었다.

아무리 책이 재미있어도 모든 감각을 자극하는 영상물을 따라갈 수 없다는 것을, 도서관에 간 첫날 바로 알게 되었다. 어린아이를 양육하는 부모님이라면 TV나 컴퓨터, 특히 휴대폰 사용이나 노출 시기에 대해 신중해야 한다. 아이를 달래기 위한 수단으로 함부로 사용하면 안 되고, 아주 절제 있게 사용되어야 한다고 강조하고 싶다.

그날 이후로 우리 가족은 도서관에 도착하면 가장 먼저 비디오실부터 들렀다. 입장할 수 있는 비디오실 공간이 몇 군데밖에 없어서 미리 신청하고 대기해야 했기 때문이었다. 비디오실에 입장하면 우리는 마치 근사한 영화관에 온 것처럼 가족 모두 한자리에 모여 앉았다. 주로 아이들이 좋아하는 <토이 스토리>나 <라이언 킹>과 같은 애니메이션을 보았는데, 언어 설정을 자유롭게 할 수 있어서 처음 영화를 볼 때부터 자막 없이 보는 것을 원칙으로 삼았다. 덕분에 아이들은 재미있게 영화를 보면서도 자연스럽게 영어 감각을 익힐 수 있었다.

운 좋게 영화를 먼저 보고 나면 지하 구내매점에서 아이들이 좋아하는 간식을 먹게 하고, 다시 아이들을 전문 서적 코너로 데리고 갔다. 처음에는 자연에 관한 생물도감이나 과학 관련 그림이 많은 서적을 보도록 했고, 나머지 시간에는 자신들이 좋아하고 읽고 싶은 서적을 마음껏 읽도록 했다. 도서관에서는 시간 가는 줄 모르게 시간이 훌쩍 지나갔다.

우리 가족의 천국, 와부읍 도서관

어느새 저녁이 되면 아쉬워하는 아이들에게 다음에 다시 오자고 달래며, 집에서 읽을 수 있도록 가족 명의로 14권의 도서를 대출하였다. 이때는 아이들의 관심이 많은 과학 관련 서적을 주로 빌렸다. 시간이 지나면서 아이들의 책 읽는 속도가 점점 빨라져 주말이 되기도 전에 책을 모두 읽어버리곤 했다. 결국, 이틀에 한 번씩 도서관에 가서 책을 빌려야 했고, 매일 갈 때도 많아졌다.

와부읍 도서관에서의 나날은 우리 가족에게 소중한 추억으로 남아 있다. 책과 영상, 그리고 가족의 대화가 함께한 이 시간들은 아이들에게는 배움의 기쁨을, 부모인 우리에게는 아이들의 성장과 희망을 선물했다. 도서관으로 향하던 그 발걸음들 속에서, 우리 가족은 하루하루 더 단단해지고 있었다. 그 길 위에서 자란 아이들이, 이제 세상을 향해 더 큰 발걸음을 내딛고 있다.

글이 글을
설명한다

　나는 책을 정독하는 습관이 있어 독서 속도가 느렸다. 반면, 아이들은 책을 마치 바람처럼 빠르게 읽어 내려갔다. 그 모습이 마음에 걸렸던 나는, 종종 "그렇게 읽어서 내용을 제대로 이해하겠어?"라며 혼을 내기도 했다. 하지만 아이들에게 책 내용을 물어볼 때마다, 내가 놓친 부분까지 정확히 기억하고 있어 깜짝 놀라곤 했다.

　책을 많이 읽다 보면 "글이 글을 설명한다"라는 말을 이해할수 있다. 그런데 아이가 어려운 과학지식을 설명할 때면 '과연 이아이가 무슨 뜻인지 알고 하는 말일까?' 의심스러웠다. 그래서 그 이유를 물어보면 체계적인 과학지식이 있어야 이해될 내용도 자신 나름대로 이치를 합리적으로 이야기한다는 것을 알게 되었다. 결국 아이들의 뇌는 어른들이 생각하는 순차적인 뇌의 활동과는 다름을 알게 되었고, 책이 책을 읽게 한다는 말을 이해하게 되었다.

옛 성현들이 왜 많은 독서량이 필요하다고 했는지 자녀를 키우며 절로 깨닫게 되었다.

우리 가족이 사는 산 중턱은 아이들의 보물창고였다. 아이들이 책에서 본 곤충을 잡아 세밀하게 관찰하거나 곤충들을 키우며 책에서 얻은 지식이 지혜로 전환되어 뇌에 저장되었다. 그러니 최고의 선생님은 바로 자연이라는 확신이 들었다.

재판관이 없었던 아주 오랜 옛날, 마을에서 분쟁이 일어날 때 글공부를 많이 한 연로한 분들의 의견을 들으면 항상 합리적일 수밖에 없었던 이유가 있었다. 수많은 서적을 읽고 오랜 삶을 통해 얻은 지혜가 모두에게 만족할 만한 판결을 했기 때문이다. 마치 허준이 수많은 책을 읽고 임상 경험을 더해 『동의보감』이라는 위대한 책을 남긴 것처럼, 독서는 삶을 깊고 풍요롭게 만드는 핵심 도구였다.

아이들의 독서 습관은 건강만큼이나 중요하다. 그러나 이 말을 곧이곧대로 받아들여, 초보 부모님들이 경제적으로 어려운 상황에서도 무리하게 수천 권의 책을 구비해 읽으라고 강요한다면 오히려 역효과가 날 수 있다. 마치 인삼이나 녹용이 좋다며 아이에게 과하게 먹였다가 부작용을 초래하는 경우처럼, 독서도 적절한 속도와 방법이 중요하다.

책이 아이들의 평생 친구가 되도록 하기 위해서는 단순히 책만 제공하는 것이 아니라, 부모가 아이들과 함께 책을 읽고 이야기를 나누는 환경이 필요하다. 다행히 우리 집은 도시의 불빛 대신 별과 달이 어둠 속에서 반짝이는 산 중턱이었다. 그곳은 가족 모두가 책 읽기에 더없이 좋은 환경이었다.

유빈이는 초등학교 3학년 무렵, 도서관 어린이 코너의 책을 거의 섭렵하고, 어른 서적까지 손을 뻗기 시작했다. 한글책만 대략 1만여 권, 영어책도 5천 권 이상 읽었다. 자연과학 서적부터 영어 서적에 이르기까지 도서관에 있는 책이라면 어떤 분야도 가리지 않았다.

그 결과, 유빈이가 가장 오래 머문 곳은 집이었지만, 그다음으로 시간을 많이 보낸 곳은 학교가 아닌 시골 도서관이었다. 도서관은 단순히 책을 읽는 장소를 넘어, 아이들이 스스로 배우고 성장하며 세상을 꿈꾸게 하는 배움터가 되었다.

그 시절 도서관에서의 나날들은 단순히 지식을 쌓는 시간이 아니었다. 책이 주는 기쁨과 자연 속에서의 경험이 어우러져, 아이들의 마음속에 진정한 지혜의 씨앗을 심는 순간들이었다. 그리고 그 씨앗은 세월이 흘러, 무한한 가능성과 함께 커다란 나무로 자라날 준비를 하고 있었다.

박유빈 어린이, 장원급제!

산골에서
영어를 시작하다

✳

　사실 산골에서 영어를 배운다는 것은 꿈도 꿀 수 없는 일이었다. 그러나 책 읽기가 그랬듯, 영어 또한 부모의 의지가 있다면 결코 불가능하지 않다는 믿음이 내 안에는 있었다. 열악한 환경도, 자원이 부족한 현실도 장애물이 되지 않았다.

　주위를 둘러보면 한국의 부모님들에게 특히 '영어 울렁증'이 많은 것 같다. 그래서 우선은 시작하기 전에 우리 아이에게 영어를 '학습'시킨다, '공부'시킨다는 부담에서 벗어나는 것이 중요하다고 생각한다. 영어를 소통의 도구로, 아이들과 함께 즐기는 여정으로 받아들이는 마음가짐이 무엇보다 중요하다. 부모가 편안하게 생각해야 아이들도 편안하게 영어를 받아들일 수 있기 때문이다.

　아내와 내가 유빈이, 휘성이와 함께한 '영어를 향한 첫 여정'은

침대 주위와 거실 벽에 다닥다닥 붙여놓은 알파벳이 들어간 그림 단어에서 시작되었다.

아침잠에서 막 깨어난 아이들이 침대 주변의 그림을 신기하게 손가락으로 가리키거나 만질 때면, 나는 그 순간을 놓치지 않았다. 마치 재미있는 놀이를 하듯, 그림을 가리키며 큰소리로 또박또박 단어를 읽어주었다.

사자나 곰, 코끼리 같은 동물의 소리를 흉내 내기도 하고 사물의 특징을 몸으로 표현하면서 그렇게 아이들과 웃다 보면, 어느새 아이들이 내 말을 따라 하기 시작했다.

그 순간은 부모로서 벅찬 감동을 느끼기에 충분했다. 아이의 발음이 어설프든, 완벽하지 않든 상관없었다. 중요한 것은 내가 내디딘 작은 걸음이 아이에게도 첫 발걸음이 되었다는 사실이었다.

유아 시기의 아이들에게 가장 좋은 영어 선생님은 다름 아닌 부모의 목소리다. 어떤 부모들은 자신의 발음이 부족하거나 억양이 어색하다고 생각해 아이에게 영어로 말을 하지 않는 경우가 있다. 그러나 나는 단언컨대, 부모의 목소리가 주는 정서적 안정과 편안함은 어떤 원어민 선생님이나 영상 자료보다도 더 값지다고 생각한다.

물론 요즘은 CD나 영상 자료가 훌륭하게 발달해 있다. 하지만 처음부터 아이에게 이들을 과하게 의지하도록 것은 바람직하지 않다. 부모의 사랑이 넘치는 목소리는 그 자체로 최고의 영양제이다. 아이가 부모의 목소리를 통해 듣고 배우는 단어 하나하나는 단순한 언어 이상의 가치를 지닌다.

처음에는 부모의 목소리로 아이를 영어의 세계로 안내하자. 그리고 부모가 함께할 수 없는 시간에는 CD나 영상 같은 보조 자료를 활용하되, 그것이 주가 되지 않도록 조심해야 한다. 이렇게 부모의 사랑과 따뜻함이 담긴 영어 환경 속에서 자란 아이는 어느 날, 원어민처럼 자연스럽게 영어를 구사하는 모습을 보여줄 것이다.

산골이라는 열악한 환경도, 특별한 자원이 부족한 현실도 영어 교육을 가로막을 수는 없다. 중요한 것은 부모의 의지와 마음가짐이다. 사랑과 관심으로 함께 걸어가는 영어 여정은 아이와 부모 모두에게 소중한 추억과 큰 성취감을 선사할 것이다. 그 시작은 단순히 알파벳을 읽는 작은 놀이일지라도, 그 끝은 아이의 무한한 가능성으로 이어질 것이다.

손만 닿으면 볼 수 있는 재미있는 영어책과 CD로 원어민 되다!

올망똘망 진지한 모습으로 영어 글쓰기

지혜로운 어머니 ②

아인슈타인 / 찰스 다윈의 어머니

> ## 아인슈타인의 어머니,
> ## "우리 아이는 남과 다를 뿐이에요"

알베르트 아인슈타인 (1879~1955년)

알베르트 아인슈타인은 단순한 과학자가 아니라 인류의 사고방식을 바꾼 혁명가였습니다. 그의 이름은 오늘날 '천재'와 동의어로 쓰이며, 시간과 공간, 에너지와 물질의 관계를 근본적으로 뒤흔든 혁신적 업적의 상징이 되었습니다.

아인슈타인의 일반 상대성이론1915은 중력이 단순한 힘이 아니라, 공간과 시간이 휘어진 결과라는 경이로운 통찰을 제시하며 현대 과학의 패러다임을 바꿨습니다. 이 이론은 오늘날 블랙홀의 존재, 빅뱅 우주론, 중력파 탐지와 같은 첨단 연구의 기반이 되었습니다.

그뿐만 아니라, 아인슈타인은 이론물리학에 기여한 공로로 1921년 노벨물리학상을 수상하며 역사상 가장 위대한 물리학자 중한 명으로 전 세계에 그 이름을 각인시켰습니다.

부모님

아인슈타인의 어머니인 파울리네 코흐는 독일의 한 유태인 가정에서 태어나 중등 교육까지 받은 교양 있는 여성이었으며, 대부분의 유대인 여성과 마찬가지로 그녀도 지혜롭고 탁월한 식견을 가진 어머니였습니다.

아버지 헤르만 아인슈타인은 전기 공장을 운영하며 가정에 안정적인 환경과 사랑을 제공했습니다. 아인슈타인은 이러한 따뜻하고 안정된 환경 속에서 행복하게 자라났습니다.

중요시한 교육

음악적 감성을 길러주다

어머니 파울리네 코흐는 예술과 음악의 세계를 사랑했던 우아한 영혼이었습니다. 그녀는 아인슈타인이 어릴 때부터 "음악은 수학과 같단다. 그것도 마음으로 느끼는 수학이지"라고 격려하며, 아들의 내면에 숨어 있는 감성과 논리를 동시에 깨웠습니다. 음악은 알베르트에게 단순한 취미가 아니라, 복잡한 이론을 사유하는 데 필요한 리듬과 직관을 길러주었습니다.

그 덕분에 아인슈타인은 여섯 살부터 바이올린과 피아노를 배우며 음악에 깊이 빠져들었고, 7년 후에는 화성학과 음악의 격식을 수학적 구조로 이해할 정도로 발전했습니다.

모차르트의 작품을 통해 음악적 기교와 오묘함을 느꼈으며, 악기의 소리와 한마음이 되었습니다. 이 경험은 그의 과학적, 예술적 삶에 지대한 영향을 미쳤습니다.

바이올린은 그의 평생 친구이자 동반자가 되어, 아인슈타인의 삶 속에서 언제나 그의 곁을 지켰습니다. 이로 인해 아인슈타인의 창의력과 상상력은 끝없이 확장될 수 있었습니다.

자녀의 남과 다른 재능을 발견하고 격려하다

아인슈타인의 어머니 파울리네 코흐

유대인 교육의 공통점 중 하나는 자녀가 질문을 많이 하도록 장려하고, 부모는 자녀의 질문에 최선을 다해 답변을 해주는 것입니다. 특히 아인슈타인은 유별나게 많은 질문을 했습니다.

그는 시간이 무엇인지, 공간이 무엇인지 등 기본적인 질문을 끊임없이 던졌으며, 이러한 행동으로 인해 사람들은 그를 바보라고 생각하기도 했습니다. 심지어 학교에서는 선생님들이 "아인슈타인은 가망이 없어요. 무슨 일을 하든 잘하지 못할 거예요"라며 포기할 정도였습니다.

그러나 어머니 파울리네는 실망한 아인슈타인을 향해 "애야, 너는 남들과 아주 다른 특별한 능력을 갖고 있단다. 이 능력을 하찮게 여기지 말고 열심히 노력하여 발전시키렴. 그러면 너는 반드시 성공할 거야"라고 격려했습니다.

또 다른 일화도 전해집니다. 어느 날, 아인슈타인 가족과 이웃 사람들이 함께 강가에 놀러 갔습니다. 아이들이 여기저기 뛰어다니며 노는 동안, 아인슈타인은 강물만 뚫어지게 쳐다보고 있었습니다. 사람들은 혹시 아인슈타인에게 정신적인 문제가 있는 것이 아니냐고 의심했지만, 파울리네는 단호하게 말했습니다.

"아니에요. 우리 아들은 깊은 생각에 빠져 있는 거예요. 아인슈타인은 커서 훌륭한 학자가 될 것입니다."

이처럼 파울리네는 남들과 다른 아인슈타인의 재능을 발견하고, 그에 대한 믿음과 희망을 결코 버리지 않았습니다. 평생 아들에 대한 무한한 애정과 지지를 보냈으며, 이러한 헌신적인 믿음이 아인슈타인으로 하여금 위대한 업적을 이루게 한 원동력이 되었을 것입니다.

찰스 다윈의 어머니,
"호기심과 열정을 키워주다"

찰스 다윈 (1809~1882년)

찰스 다윈은 생물학과 진화론의 패러다임을 바꾼 영국의 자연학자입니다. 그는 『종의 기원』1859에서 자연선택에 의한 진화 이론을 제시하며 생명체가 어떻게 변화하고 적응해 왔는지 밝혔습니다. 다윈의 진화론은 생명체를 신성한 설계물이 아닌, 자연의 끊임없는 실험과 변화의 산물로 바라보게 했습니다. 그의 통찰은 생물학의 패러다임을 넘어 철학, 윤리, 심리학까지 흔들며 인간 존재의 본질을 다시 묻게 했습니다. 다윈은 단순히 과학자가 아니라, 생명이 왜 이렇게 아름답고 복잡한가에 대한 해답을 제시한 사색의 거인이었습니다.

부모님

찰스 다윈의 친할아버지인 에라스무스 다윈은 이름난 과학자이자 철학자였고, 외할아버지는 오늘날까지도 유명한 도자기인 웨지우드의 제조업자인 조시아 웨지우드입니다.

아버지 로버트 다윈은 당대에 성공한 의사이자 금융가로, 다윈 가족에게 경제적 안정과 교육적 환경을 제공했습니다.

어머니 수잔나 웨지우드 다윈은 유명한 도자기 사업가였던 웨지우드 가문의 딸로, 다윈에게 창의적이고 감성적인 면을 물려준 인물입니다. 그녀는 어린 찰스를 따뜻하게 돌보며 호기심을 북돋워 주었지만, 다윈이 겨우 여덟 살이었을 때 세상을 떠나, 그에게 깊은 영향을 남겼습니다. 다윈은 부모로부터 물려받은 지적 유산과 재능 덕분에 학문적 도전과 자연 탐구라는 두 세계를 조화롭게 탐험할 수 있었습니다.

중요시한 교육

자연 속에서 식물에 대한 자세한 내용을 가르치다

다윈의 어머니, 수잔나는 어린 다윈의 손을 잡고 자연의 품속으로 그를 이끌었습니다. 그녀는 매일 정원을 거닐며 자연에서 얻을 수 있는 모든 것을 소중한 교육의 기회로 삼았죠.

꽃술을 따라가며 화초를 구별하는 방법, 나무의 이름을 기억하는 법을 하나하나 설명하며, 식물에 관한 깊은 지식을 다윈에게 전했습니다.

수잔나는 식물에 대해서는 누구보다 풍부한 지식을 지닌 인물로, 그녀의 가르침은 어린 다윈에게 자연의 신비를 탐구할 열정을 심어주었습니다.

호기심 자극을 위해 좋은 예를 들어 설명하다

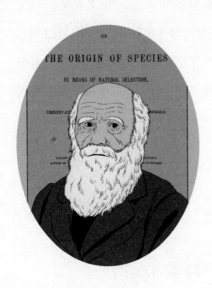

자연 속에서 어머니의 사랑 가득한 교육을 받은 찰스 다윈은 감정이 풍부하고, 다른 사람에 대한 배려도 많은 아이로 자랐습니다. 그에 대한 일화 중 하나가 전해집니다.

어느 날, 다윈은 흙투성이에 땀범벅이 되어 분갈이하고 있는 어머니를 보게 되었습니다. 어머니의 땀을 닦아 주며 안쓰러운 마음이 들어 다윈은 "어머니, 우리 꽃 안 키우면 안 돼요? 어머니가 너무 힘들어 보여요"라고 말했습니다. 그러자 어머니 수잔나는 미소를 지으며 대답했습니다. "저렇게 아름다운 꽃이 피어나는 것을 보기 위해 이 정도의 땀을 흘리는 건 힘들기보다는 오히려 즐거운 일이란다." 수잔나는 다윈의 손을 잡고 활짝 핀 동백꽃 앞으로 데리고 가서 물었습니다. "꽃들이 좋지 않니?" 다윈은 "네, 좋아요"라고 대답했습니다. 그러자 수잔나가 다시 물었습니다. "어떤 점이 좋으니?" 다윈은 머뭇거리며 말했습니다. "이 꽃은 크고, 저건 작고… 자세히는 뭐라 말해야 할지 잘 모르겠어요." 수잔나는 다윈을 더 가까이 끌어당겨 자세히 볼 수 있도록 했습니다. "이 꽃을 자세히 보렴. 여섯 장의 꽃잎은 밑에서 합쳐지고 하나로 피어난단다. 꽃봉오리는 별로 크지 않지만 수술은 엄청 많지. 꽃들은 이렇게 다 저마다의 특징이 있어."

수잔나의 다정다감한 설명에 흥미를 느끼기 시작한 다윈은 그때부터 식물과 자연에 깊은 관심을 갖게 되었습니다. 이처럼 찰스 다윈의 어머니, 수잔나 웨지우드는 아들의 호기심을 자극하고, 자연에 대한 사랑을 심어주어 그의 미래를 밝혀준 훌륭한 교육자였습니다.

아이의 호기심과 열정을 야단치지 않고 재능을 더욱 키워주다

찰스 다윈의 어머니, 수잔나 웨지우드

다윈은 어머니의 영향을 받아 자연에 대한 매력에 흠뻑 빠지게 되었고, 대부분 곤충을 잡고 식물을 관찰하는 데 몰두했습니다. 그의 이런 모습에 아버지는 염려하며 말하곤 했습니다. "그런 것에만 관심을 두면 남들에게 무시당할 수 있어. 너뿐 아니라 네 가족까지도 말이야."

하지만 어머니 수잔나의 생각은 달랐습니다. 예리한 안목으로 아들의 재능을 일찌감치 알아본 그녀는 "생물의 형상은 감각과 지각의 근원이다"라는 말을 좌우명으로 삼으며, 오히려 다윈이 생물학을 좋아할 수 있도록 더 많은 기회를 마련해 주었습니다. 수잔나는 다윈의 호기심과 열정을 존중하며, 그의 재능을 키우기 위해 끊임없이 지원했습니다. 그녀의 이러한 지지는 다윈이 훗날 위대한 생물학자로 성장하는 데 큰 밑거름이 되었습니다.

어머니의 가르침이 남긴 위대한 유산

불행히도 찰스 다윈의 어머니는 그가 여덟 살 되던 해에 세상을 떠났습니다. 그러나 다윈은 어머니와 함께 자연 속에서 식물을 관찰하고 곤충을 잡으며 보낸 행복한 기억들을 간직하고 있었습니다. 이러한 기억들은 그의 아버지가 바랐던 의학과 신학을 포기하고, 결국 반대하던 생물학자로서의 길을 걷게 했습니다.

1859년, 다윈은 생물의 진화를 밝힌 책인 『종의 기원』을 출간하였으며, 초판 1,250부는 발매 당일에 매진될 정도로 큰 반향을 일으켰습니다. 이후 6판까지 발행된 이 책은 엄청난 인기를 끌었습니다. 다윈의 진화론은 물리학에서의 뉴턴의 역학과 함께 당대 사상의 혁신을 불러왔으며, 인류의 자연관과 세계관을 이루는 데 커다란 영향을 미쳤습니다. 이 모든 것은 찰스 다윈에게 대자연에 대한 눈을 뜨게 해준 어머니의 가르침이 있었기에 가능했습니다. 어머니의 사랑과 지지가 없었다면, 후일의 생물진화론도 창시될 수 없었을 것입니다.

PART III

세계를 향해
날개를 펴다

어린아이가 큰 꿈을 꾸는 이유는
세상을 모르기 때문이다.
큰 꿈을 꾼 아이 중에 한 아이가
꿈을 이룬다.

- 꿈꾸는 소년 -

01

우리 아이 영어교육
몇 살 때부터 하는 것이 좋을까?

자녀에게 영어를 언제부터 노출해야 할지에 대해 사람마다 의견이 다르고, 정답이 없는 것처럼 느껴지기도 한다. 우리 아이들의 경우, 우리말을 배우고 한글책을 읽으며 어느 정도 우리 언어와 글에 익숙해진 시점부터 영어를 자연스럽게 시작했다.

그러나 영어를 시작하는 시점보다 더 중요한 것은, 아이들이 영어를 공부가 아닌 삶의 일부로 받아들이게 하는 것이다. 갓 태어난 아이가 우리말을 배우는 과정을 떠올려보면 이 점은 더 명확해진다.

그래서 나는 아이들이 영어를 글자나 학문으로 접근하기보다는 그림과 같은 이미지로 먼저 받아들일 수 있도록 노력했다. 예를 들어, 벽에 붙어 있는 파란 하늘 그림과 함께 적힌 'sky'라는 단어를 큰 소리로 "스카이"라고 반복해서 읽어주었다. 그러다 어느 날엔가는 마당에서 뛰놀던 아이들과 함께 눈부시게 파란 하늘을 올려다보며 손가락으로 하늘을 가리키며 "스카이" 하고 말해주었다.

이렇게 하다 보니 아이들은 저절로 주위에 있는 모든 자연 속 동식물과 사물에게도, 마치 아이가 '유빈'이라는 고유한 이름이 있는 것처럼, 자신만의 특별한 이름이 있다는 것을 알게 되었다. 그러다 보니 어느 순간 아이들도 하늘을 가리키며 "스카이" 하며 환하게 웃게 되었다.

아이들이 영어를 '공부'가 아닌 '놀이'로 받아들이게 하는 것도 중요한 포인트다. 억지로 배우는 주입식 영어는 뇌가 불필요하다고 판단해 금세 사라질 수 있다. 그래서 나는 아이들에게 목표를 정해놓고 공부시키듯 영어를 가르치지 않았다. 대신, 영어를 놀이처럼 접근하며 자연스럽게 익히도록 했다.

만 3세 무렵, 우리 아이들은 세상에 대한 호기심으로 눈빛을 반짝이며 질문을 쏟아내기 시작했다. "이건 뭐야? 저건 왜 저래?" 폭포수처럼 쏟아지는 질문에 답하다 보면 진땀이 나기도 했지만, 아이들에게는 이 모든 과정이 또 다른 놀이였다. 영어 단어와 문장이 질문과 대답 속에서 자연스럽게 스며들었다.

특히 유아기에는 부모의 역할이 무엇보다 중요하다. 비싼 영어 유치원을 보내는 것도 방법일 수 있지만, 아이와 함께하는 시간만큼은 부모가 직접 재미있는 배우가 되어야 한다. 연극을 하듯 과장된 표정과 목소리로 단어를 읽고 문장을 말하며 아이와 웃고 떠드는 시간은, 단순한 학습 이상의 추억을 만들어 준다.

나는 이러한 방식이 전문 원어민 강사보다도 훨씬 더 좋은 성과를 낼 수 있다는 것을 경험으로 깨달았다. 부모의 사랑과 관심은 그 어떤 교육도 따라올 수 없는 힘을 가진다.

세상에서 가장 훌륭한 선생님은 많은 것을 아는 사람이 아니다. 우리 아이를 진심으로 사랑하고 아끼는 부모가 가장 좋은 선생님이다. 이 사실을 잊지 말자. 영어교육은 단지 언어를 배우는 것이 아니라, 아이와 함께 즐기고 공감하며 만들어가는 소중한 여정이다.

부모의 목소리로 시작된 작은 단어들이 아이의 세상에 큰 날개를 달아줄 것이다.

형이 모르는 것을 동생이 가르쳐 주고 있어요. 아이들의 뇌에는 놀라운 비밀이 숨어 있지요.

02
그림책에서 챕터북까지
오디오북으로 도움받다

유빈이는 한글 그림책을 무척 좋아하고 재미있게 읽었다. 한 권 한 권 읽어 내려가며 웃음 짓는 모습에 마음이 따뜻해졌다. 그래서 도서관에서 책을 빌릴 때 한글 그림책과 함께 영어 그림책도 몇 권씩 빌리기 시작했다. 걱정과는 달리 유빈이는 언어에 상관없이 한글책이든 영어책이든 똑같이 흥미를 가지고 읽었다.

놀라웠던 점은 아이가 언어를 구분하지 않는다는 것이었다. 어른들과는 달리 각각의 언어를 별개의 것으로 구분하지 않았고 자연스럽게 소통의 도구라고 인식하는 것 같았다. 우리말과 영어는 물론이고 중국어나 스페인어도 별다를 바 없이 소통의 도구로 받아들였다. 어른들에게는 경계가 분명한 언어들이 아이들에게는 단순한 '다른 이름'일 뿐이었다.

이런 경험을 통해 깨달았다. 어린 시절 다양한 언어를 자연스럽게 접한 아이들이 이중 언어 또는 다중 언어 능력을 갖추는 이유를. 그저 그 시기를 놓치지 않고 놀이처럼 접근하면 되는 것이었다.

도서관에서 빌려 온 대부분의 영어 그림책은 최고의 작가와 일러스트레이터가 함께 만든 것이라 훌륭한 책들이 많았다. 이 책들은 아이들의 꿈과 상상력을 자극하는 보물이었다. 거기에 더해, 시각 장애인을 위한 CD나 오디오북이 항상 포함되어 있어 활용도가 높았다.

아이들이 식탁에서 밥이나 간식을 먹을 때라든지, 거실에서 장난감을 가지고 놀 때는 항상 CD를 틀어주었다. '마더구스'와 영어 동요도 번갈아 가면서 들려주었다. 아이들은 자연스럽게 귀를 기울였고, 소리로부터 배우기 시작했다.

특히 영어 동화책의 간결하고 재미있는 문장들은 아이들에게 영어를 부담이 아닌 즐거움으로 다가가게 했다. 아침과 저녁에는 내가 직접 읽어주고 발음도 따라 해보도록 유도했다. 낮에는 영어 CD를 계속 틀어주면서 짧고 간단한 영어책을 읽게 했다.

처음에는 더딘 듯했지만, 다섯 살 이후에는 영어 읽기 속도가 놀랍게 빨라졌다. 어느 순간부터는 부모보다 더 빠르고 정확하게 책을 읽기 시작했다. 그림과 한두 줄의 문장으로 시작했던 유빈이의 영어 읽기는 글이 빼곡한 챕터북으로 확장되었다. 이 과정에서 오디오북은 없어서는 안 될 중요한 역할을 했다.

물론, 영어 원서를 직접 읽어줄 수 있는 부모라면 부모의 목소리가 최고의 교육 도구다. 하지만 영어 실력이 부족하거나 여건상 어려운 부모도 실망할 필요는 없다. 책과 오디오북이 함께 제공되는 자료를 활용하면 된다.

부모가 해주어야 할 것은 단순하다. 아이가 오디오북을 즐겁게 들을 수 있는 환경을 만들어 주고, 여러 번 따라 읽도록 도와주는 것이다. 반복해서 듣고 따라 하다 보면 어느 날 아이가 책 없이도 내용을 술술 이야기하는 놀라운 모습을 보게 될 것이다.

그림책에서 챕터북으로 가는 여정은 독서 실력만을 키우는 과정이 아니다. 아이와 함께 상상의 나래를 펼치고, 단어 속에 숨겨진 세상을 발견하며, 소리와 감각으로 언어를 익히는 특별한 시간이다.
책과 오디오북이 주는 마법에 부모의 따뜻한 관심과 목소리가 더해질 때, 그 경험은 아이의 마음에 오래도록 남을 자산이 될 것이다.

03

초등학교 1학년,
산골에서 내려가다

유빈이가 처음 다니기 시작한 초등학교는 집에서 꽤 멀었다. 시골 마을버스를 타고 꼬불꼬불한 길을 지나야 겨우 도착할 수 있는 곳이었다. 그런데 유빈이가 2학년이 되면 동생 휘성이도 초등학교에 입학해야 했고, 두 아이가 먼 거리를 다니는 모습이 선명히 그려졌다. 결국 산골 생활을 정리하고 양수리로 이사하기로 결정했다.

우리 가족이 양수리로 이사하기로 결정한 가장 중요한 이유는 학교 가는 길목에 도서관이 위치해 있고, 주변 자연과 강이 조화롭게 어우러진 경관이 참 아름다워서였다. 북한강과 남한강이 만나는 멋진 경치에다 자연 생태공원이 많아서 아이들이 뛰어놀기에도 아주 좋은 곳이었다. 살아보니 어린아이들을 키우기에는 여러모로 좋았다.

유빈이와 휘성이가 초등학교에 갈 무렵, 이미 한글책과 영어책을 수천 권을 읽은 상태였다. 둘 다 책 읽기를 좋아했고, 토론을 즐겼다. 학교에서 선생님들이 이 아이들의 대화를 어떻게 받아들일까, 솔직히 걱정도 많이 되었다.

막상 학교에 들어가 보니, 산골에서 뛰어놀며 자란 두 아이는 또래보다 체격이 좋아서 새로운 환경에도 주눅 들지 않고 자신만만하였다. 다만 책을 많이 읽고 자연인으로 살아온 아이들이라서 알고 싶은 것은 바로 질문을 던지곤 하였는데, 선생님들이 여간 곤란하지 않았을까 싶다.

선생님은 아이들의 지식수준을 낮게 보고 질문의 의도를 파악하지 못하였다. 심지어 수업 시간에 선생님이 설명하는 내용이 틀렸을 때 유빈이가 잘못된 부분을 지적하면, 선생님이 당황하여 유빈이의 입을 막기도 했다. 이러한 수업이 계속되자 유빈이와 휘성이는 점점 학교 수업에 흥미를 잃기 시작했고, 학교를 가지 않으면 안 되냐는 말을 하기도 하였다.

어느 정도 예상되었던 일이라 아이들에게 흥미를 줄 수 있는 공교육을 찾아보기 시작하였다. 아이들에게 새로운 동기를 부여할 방법을 찾아야 했다. 우리가 찾은 것은 학교에서 무료로 제공해 주는 사물놀이, 가야금, 바이올린, 미술, 배드민턴 등 산골에서는 경험하지 못했던 예체능 교육이었다. 그러자 아이들이 조금씩 학교생활에 흥미를 붙이며 적응해 가기 시작했다.

하지만 아이들이 가장 좋아한 것은 뭐니 뭐니 해도 도서관에 가서 자신들이 읽고 싶었던 책들을 맘껏 읽는 것이었다.

학교가 끝나면 누가 먼저랄 것도 없이 도서관으로 달려가, 마치 사냥감을 향해 돌진하는 사자처럼 책을 잡았다. 도서관에는 다양한 책뿐만 아니라 'Newton'지를 비롯한 각종 과학잡지와 인터넷 시설도 잘 갖춰져 있었다. 아이들은 인터넷으로 'Khan Academy'와 'Crash Course' 교육을 받을 수 있었고, 전 세계를 누비며 아이들의 꿈은 끝없이 높아만 갔다. 책으로 세계를 여행하며 아이들은 상상력과 지식을 키웠고, 도서관의 인터넷 강의를 통해 스스로 학습하는 법을 익혔다.

양수리 생활에서 나는 유빈이와 휘성이가 학교에서는 공동체와 또래 문화를 익히고 예체능을 경험하도록, 도서관에서는 스스로 원하는 지적 탐구를 마음껏 펼치도록 도왔다. 이 두 축이 조화롭게 어우러지며, 아이들은 자신만의 날개를 단단히 펼치고 더 큰 세상으로 비상하기 시작했다.

04

제2의 반기문, UN 사무총장이 되기 위해 최연소 대표로 미국에 가다

"안녕하세요? 유빈이 부모님 맞으시죠? 축하드립니다! 유빈이가 양평에서 최연소 대표로 선발되어 미국 단기 유학을 가기로 최종 결정이 났습니다."

초등학교 3학년 유빈이 담임 선생님의 전화를 받던 순간, 마치 꿈을 꾸는 듯했다. "정말 우리 유빈이 맞나요?"라고 되묻지 않을 수 없었다. 전교생이 200명 남짓한 양평의 작은 시골 학교에서 이런 일이 벌어지다니, 그저 놀랍고 벅찼다.

당시 양평군은 반기문 UN 사무총장과 같은 글로벌 리더를 양성하겠다는 비전으로, 해외 단기 유학비를 지원하며 지역 내 초중등 학교에서 대표를 선발하고 있었다. 약 1년간 이어진 철저한 영어 테스트를 통해 각 학교당 단 한 명의 대표를 뽑을 예정이었다.

초등학교 3학년이던 유빈이도 대표 선발 테스트에 도전하겠다고 말했다. 그 말을 듣고 우리는 "당연히 양수초등학교 대표는 유빈이지!" 맞장구를 치며 천진난만하게 웃었다.

도전할 수 있는 학년은 초등학교 3학년부터 6학년이었다. 유빈이는 평상시와 같이 도서관에서 준비하였다. 유빈이는 어린 나이임에도 휴일도 명절도 없이 성실하게 과제를 수행하였고, 최종 테스트에서 1등으로 당당히 대표 자리를 거머쥐었다.

하지만 예상했던 것과 달리 너무 어린 학년에서 대표가 선발되니, 교육청에서는 혹시 선발 과정에 문제가 있었던 건 아닐까 의심하기도 했다. 그 때문에 담당 장학사가 직접 나와 유빈이의 영어 실력을 다시 테스트하는 해프닝까지 벌어졌다. 그러나 유빈이는 흔들리지 않고 자신의 능력을 증명했다.

미국으로 떠나는 길은 설렘만큼이나 걱정으로 가득했다. 유빈이가 최연소로 미국에 가다 보니 실수를 하면 어쩌나 하는 걱정이 앞섰다. 그러나 유빈이는 예상보다 훨씬 뛰어난 모습을 보여주었다. 한국의 전통과 독도에 대해 자신감 있게 프레젠테이션하고, 형과 누나들의 통역까지 도맡으며 모든 이들에게 감탄을 자아냈다. 함께 다녀온 선생님은 "유빈이는 정말 자랑스러운 대표였다"며 칭찬을 아끼지 않았다.

미국에서의 경험은 유빈이에게 새로운 세계를 열어주었다. 영어를 단순한 학문이 아니라, 사람과 사람을 연결하는 도구로, 세상을 넓히는 열쇠로 인식하게 된 것이다. 그 여행은 유빈이를 한층 더 성장시켰고, 글로벌 리더의 꿈에 한 발 더 가까이 다가가게 했다.

그때 양평군의 앞선 비전과 교육청의 지원이 없었다면 지금의 유빈이는 없었을 것이다. 그들이 만들어 준 기회가 결국 오늘날 글로벌 AI 인재로 성장하는 밑거름이 되었다. 진심으로 감사한 마음을 전하며, 앞으로의 날갯짓을 더욱 응원하고 싶다.

한국 최연소 민간 외교관 유빈, 미국 기사 메인 화면을 장식

05

초등 4학년,
지하철 타고 버스 타고 영재교육 시작

유빈 : 아빠, 영재들이 모여서 공부하는 곳이 있대. 나 거기서 공부하면 안 될까?

유빈이가 학교에서 돌아오자마자 반짝이는 눈빛으로 물었다. 평소 학교생활에서 답답함을 느끼던 아이가 처음으로 자신의 열망을 또렷이 드러낸 순간이었다.

꿈소 : 유빈이가 정말 원한다면 해도 좋아. 하지만 재미 삼아 시작했다가 금세 싫증 나서 그만두면 안 돼. 책임질 준비가 되었는지 곰곰이 생각해 봐.

유빈이는 진지하게 고개를 끄덕였다. 돌이켜 보면 공교육 중에서 가장 도움이 된 것은 교육청에서 주관하는 영재교육이었다. 초등학교 3학년 유빈이가 처음으로 자신이 하고 싶은 것에 대해 의사 표현을 했고, 우리는 그런 유빈이의 생각을 존중해 주었다.

부모로서 내건 조건은 단 두 가지였다. 하나, 자신의 선택에 책임을 질 수 있도록 학교생활에 성실히 임할 것. 둘, 영재학교까지의 통학은 스스로 해결할 것. 아이와 손가락 걸고 약속한 뒤 우리는 그의 첫 걸음을 지켜보기 시작했다.

영재교육장은 용문초등학교로, 양수리에서 지하철을 타고 내린 뒤 버스를 갈아타야 하는 먼 거리였다. 왕복에 3시간 가까이 걸릴 때도 있었고, 스케줄이 꼬이면 통학에만 4시간 넘게 소요되기도 했다. 초등학교 4학년 유빈이에게는 쉽지 않은 도전이었다. 다행히 5학년부터는 양평교육지원청 부설 영재교육원으로 가게 되면서 지하철로만 통학이 가능해졌다.

그렇다고 어려움이 없었던 것은 아니다. 수업이 끝난 후 저녁 7시쯤 집에 와야 할 유빈이가 종종 내릴 곳을 깜빡해 청량리까지 가버리곤 했다. 그럴 때는 밤 10시가 다 되어서야 돌아오기도 했다. 핸드폰도 없었던 시절, 아이는 그 모든 상황을 스스로 해결해야 했다.

부모로서 나의 원칙은 명확했다. 아이들이 집 밖을 나선 순간, 부모의 도움 없이 스스로 길을 찾고 문제를 해결해야 한다는 것.

이 원칙은 두 아이에게도 예외가 아니었다. 유빈이와 동생 휘성이는 힘든 통학 과정을 스스로 극복했고, 5년에 걸친 영재교육 과정을 단 한 번의 결석도 없이 마무리했다. 아이들의 강인한 의지와 꾸준함은 부모로서 늘 감사하고 자랑스러운 부분이었다.

영재교육이 단순히 공부의 장이 아니라 창의력과 상상력을 마음껏 발휘할 수 있는 공간이었기에, 아이들은 이 시간을 즐거움으로 기억했다. 담당 선생님들의 격려와 아이들의 사고력을 넓혀주는 토론 수업은 무엇보다 큰 힘이 되었다. 덕분에 유빈이는 최우수 영재로 교육감상을 수상하는 영광도 누릴 수 있었다.

지하철과 버스의 먼 여정을 헤쳐 나가며 배운 것들은 교실의 학문에만 국한되지 않았다. 그것은 스스로 선택한 길에 대한 책임, 문제를 해결하는 방법, 그리고 끝까지 포기하지 않는 끈기의 소중함이었다. 이러한 배움이 아이들의 삶을 더 큰 세상으로 이어주는 튼튼한 디딤돌이 되어주었다.

아이들이 영재교육원을 졸업하기까지 오랜 시간 잘 참여할 수 있었던 것은 영재수업 담당 선생님들이 아이들의 창의력과 상상력을 높이 칭찬하고 사고력을 확장시켜 주는 토론을 해주어서였던 것 같다. 영재 수업을 공부로 여기지 않고 즐거운 시간으로 생각했던 아이들은 5년간의 영재교육원 과정을 행복하게 잘 마무리할 수 있었다.

유빈, 영재원 수료

휘성, 영재원 수료

06

무료 인터넷 교육 콘텐츠로
세계의 문을 열고

유빈이가 초등학교에 입학한 이후, 영어책을 읽는 속도가 조금씩 빨라지기 시작했다.

이전에는 영어책을 '문자'로서 이해하기보다는 그림 속의 또다른 '이미지'로 보는 것 같았다면, 이제는 영어책을 한글책처럼 편하게 읽기 시작한 것이다. 영어책과 함께 CD를 충분히 들으면서 문자와 이미지가 반복적으로 쌓이다 보니, 어느새 유빈이의 머릿속에 모국어와 외국어를 가르는 두꺼운 벽이 사라져 버린 게 아닐까 싶다.

영어책 읽기 속도가 빨라지면서, 초등학교 2학년부터는 차츰 영어 애니메이션과 영화를 보여주기 시작했다. 지금까지 아이들은 수많은 영어책을 읽으면서 영어 자체에 익숙해졌고, CD와 오디오북을 통해서는 풍부하고 다채로운 상상력을 마음껏 펼칠 수 있었다. 여기에 영상까지 더해지자, 아이들은 자신이 상상하던 꿈과 환상의 세상이 눈앞에 펼쳐지는 기쁨을 맛보며, 영어에 대한 기대와 흥미가 점점 더 커져만 갔다.

이 시기에, 나는 우연히 미국의 'Khan Academy', 'Crash Course', 그리고 'Coursera'와 같은 전 세계에 무상으로 제공되는 온라인 교육 콘텐츠를 알게 되었다. 코로나 팬데믹 이전, 인터넷 교육이 아직 본격적으로 활성화되기 전이었지만, 유빈이가 빠져들기에 충분히 매력적인 교육 콘텐츠였다. 당시 유빈이가 푹 빠져 있던 최신 과학정보를 알려주고, 그 해답을 얻을 수 있는 유일한 창구였기 때문이다.

비록 그때의 영어 실력으로는 이해하기 어려운 과학 용어들이 많았지만, 유빈이는 전혀 두려워하지 않았고, 오히려 그 도전이 더 큰 자극이 되어, 한 걸음 한 걸음 영어의 세계로 당당하게 나아갔다. 유빈이가 넘을 수 없는 벽은 없었고, 매번 새로운 지식을 향한 열정은 유빈이를 더욱 강하게 만들었다.

Khan Academy (https://www.khanacademy.org/)

Khan Academy는 2006년 살만 칸이 만든 비영리 교육 서비스이다. 초·중·고교 수준의 수학, 화학, 물리학부터 컴퓨터공학, 금융, 역사, 예술 등 다양한 분야의 4,000여 개의 동영상 강의를 제공한다. 현재 미국 내 2만여 개 학급에서 교육자료로 사용되고 있으며, 유빈이는 이 강의를 통해 깊이 있는 학문적 탐구를 시작했다.

| Crash Course (https://thecrashcourse.com/)

Crash Course는 YouTube의 Vlogbrothers 채널을 통해 유명해진 존 그린과 행크 그린이 시작한 교육 채널로, 고등학교와 대학의 입문 과정 수준에 맞춰 다양한 과목을 다룬다. 이 채널에서 유빈이는 수학, 과학, 역사 등을 흥미롭게 배우며, 학문적 기초를 다졌다.

| Coursera (https://www.coursera.org/)

Coursera는 스탠포드 대학의 앤드류 응 교수와 대프니 콜러가 설립한 온라인 교육 사이트로, 전 세계 대학 교수들이 참여하여 다양한 분야의 강의를 무료로 제공한다. 이 플랫폼에서 유빈이는 더 많은 지식과 정보를 배우며, 글로벌 인재로 성장할 수 있는 기회를 얻었다.

이 모든 무료 교육 콘텐츠는 유빈이에게 단순히 지식을 전달하는 도구가 아니라, 세상을 향해 나아갈 수 있는 날개를 달아준 열쇠였다. 유빈이가 배운 과학과 수학, 역사와 예술은 더 이상 멀고, 어려운 학문이 아닌, 바로 자신의 꿈을 실현할 수 있는 현실로 다가왔다. 이로써 유빈이는 자신만의 길을 걸으며, 세상과 더 깊게 연결되는 소중한 경험을 쌓아갔다.

수학·과학
이야기

나는 아이들이 어린 시절 산골에서 마음껏 뛰어놀았던 것이 두뇌 발달에 큰 도움이 되었다는 사실을, 아이들이 성장한 후 확인할 수 있었다. 앞에서도 언급했듯, 책을 많이 읽은 아이들은 책에서 본 것과 현실에서 보는 것을 연결해 주면, 자연스럽게 공부하지 않아도 뇌 속에 체계적으로 지식이 정리된다.

과학은 마치 자연을 통해서 저절로 터득하게 되는 자연과학이라고 할 수 있다. 마당의 텃밭 농사를 통해 식물을 키우고, 집에서 기르던 닭과 주변 농가에서 만나는 소, 염소, 돼지 등을 가까이에서 만지며 먹이를 주었다. 산골의 오염되지 않은 자연 생태계 속에서는 온갖 이름 모를 곤충들이 넘쳐났다.

도시에 사는 아이들은 교재를 통해 '학습'을 했지만, 유빈이와 휘성이는 매일 만나는 새로운 생명체에 대한 호기심을 풀기 위해 스스로 도서관에서 찾아보았다. 이러한 과정을 통해 지식이 구체화되어 과학에 매우 뛰어날 수밖에 없는 살아있는 교육이 되었다.

수학은 그 흔한 학습지조차 시키지 않았다. 나부터 반복학습을 너무 싫어했기 때문에 아이들에게도 의미 없는 반복교육을 시키고 싶지 않았다. 유빈이가 초등학교 저학년일 때, 학교에서 수학 풀이가 늦어 시간 안에 못 해서 눈물을 흘린 적이 있었다. 이유는 내가 구구단을 못 외우게 했기 때문이다. 대신 손가락과 발가락을 사용하는 원시적인 방법을 사용하게 했고, 그나마 집에서는 바둑돌이나 바둑판을 이용하여 반복되는 수를 계산하게 했다.

초등학교 때 유빈이는 수학 문제를 모두 풀 수 있었지만 시간 안에 푸는 것이 힘들어서 시험 때마다 진땀을 흘렸다. 사고력을 요구하는 심화문제를 풀기 위해 고생을 많이 시켰지만, 그 덕분에 다행히 중학교 수학은 한결 쉽게 생각하게 되었다.

내가 수학을 공부할 때 중요하게 생각한 것은 우리 아이들이 어렵게 공부해야 한다는 점이다. 똑똑한 사람일수록 쉽게 공부하는 것이 아니라, 어려운 문제에 부딪히며 고민하고 해결책을 찾는 과정을 거쳐야 한다는 것이다. 원리를 충분히 이해한 후, 어떻게 하면 편리하게 계산할 수 있을지 고민하는 과정이 중요하다.

인생은 단기전이 아니라 기나긴 마라톤이기에, 훌륭한 선생님이 쉽게 풀이 과정과 해답을 가르쳐 주어 내신을 잘 받아도 결국 자녀들이 풀어야 할 문제는 그런 방식으로는 해결할 수 없을 것이다. 결국 인생에서 한 번도 겪지 못한 문제를 혼자의 힘으로 풀어낼 수 있는 이해력을 가르쳐 주어야 한다.

한국 학생들이 국제 수학 올림피아드에서 많은 상을 차지하고, 수학 문제를 가장 빨리 푼다고 알려져 있지만, 나는 한국이 아직도 노벨상이나 인류에 기여하는 난제 해결에 성공하지 못한 이유가 바로 무한 반복 학습과 내신 경쟁에 있다고 생각한다.

수학과 과학을 잘하려면 학습지를 많이 푸는 것만으로는 부족하다. 가장 중요한 것은 사고력을 키우는 것이다. 사고력을 키우는 방법은 다양한 지식이 담긴 책을 많이 읽는 것에서 시작된다. 진정한 공부는 한정된 범위에서 출제자의 의도에 맞추는 것이 아니라, 범위가 없는 세상에서 문제를 해결할 수 있는 능력을 기르는 것이다. 그것이 진정 살아 있는 공부다.

♣

지혜로운 어머니 ③

에디슨 / 빌 게이츠의 어머니

에디슨의 어머니,
"가장 훌륭한 선생님은 어머니다"

토머스 에디슨 (1847~1931년)

토머스 에디슨은 미국의 발명가이자 기업가로, 전 세계적으로 유명한 혁신적인 발명들을 많이 한 인물입니다. 가장 잘 알려진 발명은 백열전구로, 이를 통해 전기의 상용화에 크게 기여했습니다. 에디슨은 1,000개가 넘는 특허를 보유하고 있으며, 음향 기록 장치인 축음기, 영화 촬영 및 상영 기술 등 여러 분야에서 중요한 기술을 발전시켰습니다.

"실패는 성공의 어머니"라는 말을 남긴 그는, 끊임없는 실험과 도전을 통해 새로운 기술을 세상에 선보였고, 현대 산업화의 초석을 놓은 인물로 평가받고 있습니다.

부모님

에디슨의 아버지 사무엘 에디슨은 젊은 시절 캐나다 출신의 사업가였으며, 젊은 시절부터 다양한 일을 했습니다. 그는 가구 제작과 같은 사업을 하기도 했고, 후에 벽지와 도자기 제조업체를 운영하기도 했습니다. 에디슨이 어린 시절 경제적으로 어려운 상황에서도 아버지는 그의 발명을 격려하고 지지하는 역할을 했습니다.

어머니 낸시는 에디슨의 인생에서 실질적이고도 깊은 영향을 미친 여성입니다. 본래 학교 교사였던 그녀는 에디슨이 학교에서 겪은 어려움에도 불구하고, 그를 포기하지 않고 직접 집에서 가르쳤습니다. 그녀는 아들에게 단순한 학문을 넘어서, 세상의 모든 궁금증에 대한 답을 찾을 수 있도록 자극을 주었습니다. 수많은 책과 실험을 통해 에디슨은 어머니의 손길을 받으며 자연스럽게 창의력과 독립적인 사고방식을 배우게 되었습니다.

중요시한 교육

어머니의 믿음과 사랑으로 피어난 천재

에디슨은 7세 때 성홍열을 앓아 한쪽 귀가 멀었고, 병 때문에 거의 1년 동안 학교에 갈 수 없었습니다. 학교 수업에는 전혀 흥미를 느끼지 못했지만, 대신 호기심이 많아 엉뚱한 질문을 많이 하는 아이였습니다. 에디슨은 수업 시간에 선생님에게 "선생님, 2 더하기 2는 왜 4죠?"라는 질문을 자주 던졌고, 선생님들은 당황스러워했습니다.

결국, 선생님은 에디슨의 어머니를 불러 이렇게 말했습니다. "아이가 조금 모자라니 학교생활을 하기에는 힘들 것 같습니다."

그러나 어머니 낸시는 에디슨이 저능아라는 선생님의 말에 절대 동의할 수 없었습니다.

낸시는 에디슨이 다른 아이들보다 결코 모자라지 않고 오히려 더 똑똑하다고 믿었고, 최선을 다해 아이를 가르쳐 자신의 생각이 옳다는 것을 증명하고 싶었습니다. 이는 그녀가 에디슨을 훌륭한 인물로 키우겠다는 결심을 하게 된 계기가 되었습니다.

에디슨이 평생 학교에 다닌 시간은 단 3개월에 불과했지만, 그에게는 세상에서 가장 훌륭한 선생님인 어머니가 있었습니다. 어머니의 믿음과 사랑은 에디슨의 천재성을 꽃피우는 데 결정적인 역할을 했습니다.

세상에서 가장 훌륭한 선생님은 어머니

에디슨의 어머니, 낸시는 어린 그에게 고전의 지혜와 선현들의 사상을 깊이 있게 가르쳤습니다. 그녀는 에디슨이 친구들과 뛰어놀 때도 공부에 몰두할 수 있도록 흥미진진하고 생동감 넘치는 방법으로 학습을 이끌었습니다. 단순히 지식을 전달하는 것이 아니

에디슨의 어머니, 낸시

라, 에디슨이 무조건 외우는 것이 아닌 스스로 사고하고, 고민하고, 그 지식을 자신만의 방식으로 이해할 수 있도록 도왔습니다. 또한, 그는 어머니의 권유로 훌륭한 책들을 접하며 지식의 세계를 넓혀갔습니다.

에디슨은 후에 이렇게 고백했습니다. "어머니는 내가 학교에서 바보라고 불릴 때에도 항상 나를 변호해 주셨습니다. 그때 나는 어머니가 내게 얼마나 큰 힘이 되었는지, 내 삶의 진정한 선생님이었음을 깨달았습니다. 그 어머니를 실망시키지 않겠다고 결심했고, 반드시 훌륭한 사람이 되어 어머니의 기대에 부응해야겠다고 다짐했습니다."

에디슨은 여덟 살 때 이미 셰익스피어와 찰스 디킨스의 작품을 섭렵했으며, 19세기 영국 문학의 깊이를 탐구하곤 했습니다. 아홉 살에는 『자연과 실험철학』이라는 어려운 과학 서적도 읽었는데, 그 책은 수백 페이지에 걸쳐 증기기관에서 수소 기구까지 다양한 과학적 이론을 다룬 내용으로, 고등학생에게도 버거운 책이었습니다.

에디슨이 어린 시절부터 이렇게 폭넓고 깊이 있는 독서를 통해 사고의 틀을 확장해 나갔던 것은, 바로 어머니의 독특한 교육방식

덕분이었습니다.

언제나 아들에게 용기를 북돋워 준 어머니

어머니 낸시의 세심하고 지혜로운 관찰 덕분에 에디슨은 자신감을 얻었고, 미지의 영역에 대한 도전을 두려워하지 않게 되었습니다. 낸시는 그가 새로운 시도와 실험을 거듭할 때마다 그 뒤에서 묵묵히 지원하며 힘을 실어주었습니다. 그녀는 언제나 "할 수 있다"라는 메시지를 아들에게 전달했고, 그로 인해 에디슨은 자신을 믿고 계속해서 실험과 연구에 몰두할 수 있었습니다.

낸시는 아들이 발명이라는 미지의 영역을 탐험할 때마다 그의 믿음직한 동반자가 되어주었으며, 그가 세상을 바꾸는 발명으로 한 걸음씩 나아가도록 용기를 북돋워 주었습니다. 그녀의 끊임없는 격려와 지원은 에디슨이 대담하게 도전하고, 결국 성공을 거두는 원동력이 되었습니다. 에디슨의 발명과 혁신이 가능했던 이유는 어머니 낸시의 지혜롭고 무한한 사랑 덕분이었습니다.

빌 게이츠의 어머니,
"너의 생각과 결정을 언제나 존중한다"

빌 게이츠 (1955~현재)

빌 게이츠는 세계적인 기술 기업인 마이크로소프트Microsoft의 공동 창립자이자, 컴퓨터 소프트웨어 산업의 혁신자로 널리 알려져 있습니다. 1955년 미국 시애틀에서 태어난 그는 어린 시절부터 뛰어난 수학적 재능을 보였고, 1975년 마이크로소프트를 설립하여 개인용 컴퓨터의 발전에 중요한 역할을 했습니다. 특히 마이크로소프트의 운영체제인 윈도우Windows는 전 세계적인 표준이 되며, 그를 억만장자로 만들었습니다.

빌 게이츠는 사업 외에도 아내와 함께 '빌 & 멜린다 게이츠 재단'을 설립하여 전 세계 보건, 교육, 빈곤 퇴치 등의 문제에 기여하고 있습니다. 그의 기술 혁신과 자선 활동은 그를 현대 사회에서 가장 영향력 있는 인물 중 한 명으로 자리 잡게 했습니다.

부모님

빌의 아버지 윌리엄 H. 게이츠 시니어는 뛰어난 변호사이자 자선 활동가로서 사회적 책임을 강조한 인물이었습니다. 그는 단순히 법률을 다루는 사람이 아니라, 사람들과의 관계에서 항상 도덕적 기준을 지키며, 주변에 긍정적인 영향을 미치려고 노력했습니다. 그의 지혜와 신념은 빌에게 깊은 인상을 남겼고, 그는 언제나 공정하고 정의로운 세상을 만들기 위한 열정을 품게 되었습니다.

어머니 메리 맥스웰 게이츠는 또 다른 차원의 지적이고 사회적 영향을 끼친 인물이었습니다. 그녀는 교육자로서의 역할을 넘어서, 비즈니스 세계에서도 큰 발자취를 남긴 여성 지도자로, 여러 자선 활동에 참여하며 사회의 변화를 이끌었습니다. 빌에게 책을 읽어주고, 세상을 더 넓고 깊게 보는 법을 가르쳤으며, 또한 나눔과 봉사의 중요성도 일깨워주었습니다. 메리는 빌이 기술 분야에서 꿈을 펼칠 수 있도록 그가 세상의 문제를 해결하고자 하는 마음을 키워주었고, 그가 자선 사업에도 큰 관심을 가지게 만든 숨은 영웅이었습니다.

중요시한 교육

독서하는 습관을 길러주다

빌 게이츠는 어린 시절부터 체계적인 교육을 받으며 자랐고, 그 중심에는 어머니 메리의 따뜻한 손길이 항상 함께했습니다. 메리는 빌을 단순히 지식의 세계로 이끈 것이 아니라, 그가 세상의 다양한 문화와 아이디어를 실시간으로 경험할 수 있도록 이끌었습니다. 그녀는 빌을 여러 곳에 데리고 다니며, 지식이 살아 숨 쉬는 현장을 직접 체험하게 해주었습니다.

하지만 부모가 빌에게 가장 중요하게 여긴 것은 '독서'라는 습관이었습니다. 텔레비전 대신 책을, 가벼운 오락 대신 깊이 있는 사고를 키우기 위해, 메리는 평일마다 텔레비전 시청을 거의 금지하며 빌을 도서관에 자주 데리고 갔습니다. 가정 내에서는 책이 곧 대화였고, 가족 모두가 큰 소리로 책을 읽으며 지식을 나누는 시간이 이어졌습니다.

심지어 식사 중에도 그들의 대화는 책과 단어들로 가득 차 있었습니다. 만약 모르는 단어가 등장하면, 식사를 잠시 멈추고 바로 사전을 꺼내어 그 뜻을 찾아 읽어주었죠.

이런 작은 행동 하나하나가 빌에게는 큰 영향을 미쳤습니다. 결국, 어머니의 지속적인 교육 덕분에 빌은 책을 향한 강한 애정을 키웠고, 나중에는 그가 책에 너무 몰두하는 바람에 가족들조차 그의 독서 습관을 걱정할 정도가 되었습니다.

이처럼, 빌 게이츠는 어머니의 철저한 독서 교육 덕분에 지식의 바다에 빠져들었고, 이 책 속에서 미래를 바꿀 아이디어와 혁신적인 사고를 발견하는 여정을 시작하게 된 것입니다.

아들의 불같은 결심을 보고 하버드 자퇴에 동의하다

1973년, 빌 게이츠는 하버드대학교 법학과에 입학했습니다. 아마도 변호사였던 아버지의 영향을 받았을 것입니다. 그러나 빌 게이츠는 법학이 아닌, 예상치 못하게도 컴퓨터에 푹 빠졌고, 거의 매일 컴퓨터실에서 보내며 살았습니다.

컴퓨터가 아닌 법학 공부에는 전혀 흥미를 느끼지 못했던 빌 게이츠는 결국 대학교 3학년 때 자퇴를 결심하게 되었습니다. 그의 부모님은 장래가 보장되고 모두가 부러워하는 하버드 대학의 자퇴를 허락하기가 결코 쉽지 않았을 것입니다. 그러나 그들은 아들의 확고한 신념을 꺾지 않았습니다.

어머니 메리 맥스웰 게이츠와 어린 시절의 빌 게이츠

빌 게이츠의 부모님은 아들이 진정으로 원하는 일을 하도록 최선을 다해 지원해 주었습니다. 그들은 아들의 열정과 결단을 믿었고, 그의 결심을 존중했습니다. 이는 빌 게이츠가 미래의 거대한 기술 혁신을 이끌어가는 데 결정적인 역할을 했습니다.

다른 사람과 비교하지 않고 아낌없는 격려를 해준 어머니

하버드대학교 2학년이던 빌 게이츠는 어머니 메리에게 한 장의 카드를 보냈습니다. 그 안에는 단순한 감사의 표현을 넘어서, 어머니가 그에게 어떤 영향을 미쳤는지에 대한 진심 어린 고백이 담겨 있었습니다. 빌은 이렇게 적었습니다. "사랑해요, 어머니! 어머니는 그동안 단 한 번도 저를 다른 사람과 비교하지 않으셨어요. 그리고 언제나 제가 한 일 중에서 칭찬할 만한 점을 찾아 아낌없이 격려해 주셨죠. 어머니와 함께한 시간은 제게 너무나도 소중합니다." 이 짧은 문장 속에, 빌 게이츠가 성장할 수 있었던 핵심적인 원칙이 들어 있습니다. 바로 비교하지 않는 사랑과 아낌없는 격려였습니다. 빌의 어머니 메리는 그를 다른 사람과 경쟁시키지 않았고, 항상 그가 걸어온 길에서 그만의 고유한 가치를 발견하고 그것을 인정해 주었습니다.

이러한 무조건적인 지지와 신뢰는 빌에게 자신감을 심어주었고, 스스로의 길을 믿고 나아갈 수 있는 용기를 주었습니다. 그의 어머니 메리의 지속적인 관심과 격려가 오늘날 세계적인 사업가

빌 게이츠를 만들어낸 가장 중요한 원동력이었음을 우리는 알 수
있습니다.

—— PART IV ——

실패와 도전을
통한 성장

절망이라는 삶을 차곡차곡 모아
가슴속에 묻어 두고
꿈을 향해 나아가니
절망의 이야기가 다른 사람들의
희망이 되더라.

- 꿈꾸는 소년 -

스트레스를 주는 영어는
'죽은 영어'

영어를 배울 때, 재미없고 지루하게 느껴지면 아이들뿐만 아니라 부모에게도 큰 손해가 따른다고 생각한다. 억지로 학습을 강요하는 것은 결국 좋은 결과를 가져오지 못한다. 특히 초등학교 입학 전에는 가능한 한 '영어 쓰기' 지도는 하지 말 것을 권장한다. 물론, 아이가 글쓰기를 좋아하고 거부감이 없다면 예외지만, 일반적으로 글쓰기는 아이들에게 매우 어려운 과정이며, 스트레스의 원인이 될 수 있기 때문이다.

내가 말하고자 하는 것은, 영어는 무엇보다 '재미있게' 배워야 한다는 점이다. 영어로 간단한 발표를 하거나 영어 노래를 부를 때는 반드시 보상을 주어야 한다. 친척이나 가족들 앞에서 발표하게 되면, 아이가 원하는 선물이나 용돈 등을 보상으로 주는 것이 좋다. 이렇게 하면 아이의 머릿속에 영어는 '공부'가 아닌, '사용하면 보상이 있는 유용한 도구'로 각인될 것이다.

아이에게 이런 경험이 계속 쌓이게 되면 영어는 성공한 것이다. 그 후에는 점점 글이 많은 재미있는 책들을 꾸준히 읽히고, 아이들이 좋아하는 디즈니 애니메이션에 자연스럽게 노출되게 하면 그냥 영어의 세계로 푹 빠져들게 된다. 이때 반복해서 애니메이션을 보여주고 난 후 아이에게 그 내용을 설명하게 해보자. 아이가 영어로 애니메이션을 설명하는 모습을 보면, 그 순간이 얼마나 감동적인지 깨닫게 될 것이다.

이 정도의 수준까지 도달한 아이들은 영어를 공부가 아닌 언어 그 자체로서 충분히 이해한 상태가 된다. 이제 아이들은 영어를 문자로 받아들일 준비가 된 것이다.

반면 영어를 망치는 지름길은 이런 과정 없이 처음부터 파닉스를 반복하거나, 어린 나이에 쓰기를 강제로 시키거나, 문법 공부를 억지로 강요하는 것이다. 아이는 어쩔 수 없이 공부는 하겠지만, 결국은 점수를 취득하는 공부만 할 것이고, 어른이 되어서도 죽은 영어를 하게 되어, 영어 공부에 수많은 시간과 비용을 사용하고도 외국인을 보면 뒤로 숨어 버리게 될 것이다.

이처럼 영어를 배우는 진정한 목적은 단지 시험을 잘 보기 위해서가 아니라, 소통의 도구로서 마음껏 활용하는 데 있음을 깨닫지 못한다면, 그들의 영어는 결국 죽은 영어가 되어 길을 잃은 채 방황하게 될 것이다.

02

경기영재고 최종 3차에서
큰 실패를 맛보다

다른 학교로 전학을 가지 않는 이상 양수 초등학교를 졸업한 학생들은 모두 같은 중학교에 다니게 된다. 초등학교와 중학교가 붙어 있고 20여 명씩 두 학급밖에 없어서, 유빈이가 중학생이 되어도 학교생활에 특별한 변화는 없었다.

유빈이는 여전히 학교 공부를 거의 하지 않았고, 교육청에서 진행하는 영재 수업과 영재 과제를 통해 한국의 우수 기술을 영어로 번역하여 해외에 알리는 일을 중학교 2학년부터 시작했다. LABSSCIENCEhttps://labsscience.wordpress.com/를 통해서였다. 100편이 넘는 다양한 분야의 한국 논문을 꾸준히 영어로 번역하고 정리하다 보니 실력뿐만 아니라 자신감도 크게 향상되었다. 자녀가 영재고나 과학고를 준비한다면 꼭 한 번 도전해 보기를 권한다.

영문 자료를 올리며 세계의 과학자들과 교류하게 되었고, 심지어 논문 저자 교수님이 직접 연락하여 유빈이의 중학생 신분에 놀라워하며 격려해 주기도 했다. 경기영재고에 지원할 때도 여러 선생님이 유빈이를 칭찬해 주었고, 면접에서 좋은 점수를 받을 수 있었다.

초등학교부터 중학교까지 과학 경진대회에서 유빈이, 휘성이가 상을 모두 휩쓸다 보니, 나는 아이들에게 다른 학생들에게 기회를 주기 위해 대회 참가를 피하라는 말을 하기도 하였다. 중학교 시절, 교육청 영재 논문 발표 대회에서 최고의 상을 받았고, 마침내 영재교육원 졸업식에서는 경기도 교육청장상을 수상하였다.

고등학교는 당연히 경기영재고에 가는 것으로 생각하였다. 그래서 한 치의 망설임 없이 유빈이는 중3 때 경기영재고에 지원했으며, 양수초 최초로 경기영재고 1차 면접과 2차 시험을 성공적으로 통과하였다. 영재고 심사관 선생님들조차도 유빈이를 우수하고 뛰어난 아이라고 폭풍 칭찬하였기에, 우리는 유빈이가 3차 합숙 면접에서도 당연히 합격할 것이라고 확신했다.

그런데 이 시점에서 유빈이 인생에 처음으로 큰 실패가 찾아왔다. 대한민국 영재고에 지원하는 학생들 중, 단 한 번도 사교육을 받지 않고 3차까지 진출한 학생이 몇 명이나 될까? 유빈이는 평상시대로 합숙에 참가했고, 창의력 발표에서는 두각을 나타내었지만, 팀장으로서 팀을 이끌던 중 한 팀원이 협조를 거부했다. 좋은 성과를 내기 위해 마음이 급해진 유빈이는 조원 한 명을 빼고 과제를 수행하도록 하였는데 이것이 빌미가 되어 최종 불합격이라는 인생 처음의 실패를 맛보게 되었다.

어린 나이에 자신감을 가지고 합격을 확신했던 유빈이가 떨어졌을 때의 슬픔은 상상할 수 없다. 그러나 나는 믿는다. 인생은 실패를 통해 성장하는 과정이라는 것을. 실패는 결국 더 큰 성장을 위한 발판이 된다. 실패가 있기에 대나무의 마디가 생기듯, 지나고 보면 그것이 또 다른 기회를 가져다 주기 때문이다.

03

경기영재고에서 서울로봇고로,
인생의 진로가 바뀌다

영재고 최종 면접에서 뜻밖의 불합격 소식을 들은 후, 유빈이와 나는 모두의 예상을 뒤엎는 엄청난 결정을 내렸다.

처음에는 유빈이가 영재고 3차에서 안타깝게 떨어졌으니, 이제는 경기 북과학고에 도전하는 것이 당연한 수순이라 생각했다. 유빈이의 실력이라면 충분히 가능할 거라고 믿었다. 하지만 고민이 깊어질수록 마음속에서는 다른 목소리가 피어올랐다. "지금까지의 방식과는 전혀 다른 길을 가보는 건 어떨까?"

유빈이는 단 한 번도 점수만을 위한 공부를 하거나 학원에 다닌 적이 없었다. 자연스럽게 자기 주도 학습으로 학문을 익혀온 유빈이에게 영재고나 과학고의 체계가 오히려 창의성을 제한할 수도 있겠다는 생각이 들었다. 주어진 틀에서 벗어나 자유롭게 탐구하며 자신의 가능성을 마음껏 펼칠 수 있는 새로운 길을 찾아야 했다.

그 시점에 유빈이도 자신의 미래를 진지하게 돌아보기 시작했다. 막연히 과학 연구자가 되는 것보다, 현실 세계에서 실질적인 기술과 전문성을 갖춘 실무자가 되는 게 더 의미 있겠다는 생각이 들었던 것이다.

고민 끝에 유빈이와 나는 새로운 방향으로 눈을 돌렸다. 서울로봇고에서 자율주행 모바일 로보틱스를 배울 수 있다는 사실을 알게 된 것이다. 게다가 영어에 강점을 가진 유빈이는, 밤에는 해외 유명 대학의 온라인 강의를 통해 AI를 공부하며 스스로의 역량을 강화할 계획을 세웠다.

결정은 단호했다. 경기 북과학고가 아니라, 학비와 기숙사비가 무료인 서울로봇고로 진로를 바꾸기로 한 것이다. 그러나 이 소식을 들은 가족과 지인들은 고개를 저었다. "그렇게 우수한 아이를 왜 공고로 보내느냐"며 안타까워하고, 심지어 내 결정을 비난하는 이도 있었다. 하지만 나는 흔들리지 않았다. 유빈이에게도 말했다.

"남들이 가지 않는 길을 가도 괜찮아. 중요한 건 네가 그곳에서 살아남아, 경기영재고가 실수했음을 증명하는 거야. 그리고 후배들에게도 영재고가 인생의 정답이 아니라는 걸 보여주자."

유빈이는 이를 악물었다. 공고 학생들이 공부도 못하고 대학도 못 간다는 편견을 깨기 위해, 그는 더 높은 목표를 세웠다. 바로 마이스터고에서 카이스트 진학을 이루겠다는 것이었다.

서울로봇고에서 유빈이는 학업과 실습 모두 최고의 성적을 기록하며 자신만의 길을 개척해 나갔다. 실업계의 전문 기술을 익히는 한편, 수학과 과학 공부도 병행하며 각종 대회에서 우수한 성과를 냈다. 자기주도 학습으로 다져진 유빈이는 이제 누구도 부정할 수 없는 실력을 갖춘 인재로 성장해 가고 있었다.

남들이 가지 않는 길을 선택한 용기와 그 길에서 빛난 노력은 유빈이와 꿈소의 선택이 옳았음을 증명해 나가고 있다. 인생의 정답은 하나가 아니다. 유빈이의 발걸음이 그것을 보여주는 생생한 증거가 되고 있었다.

과학고 대신 서울로봇고에 가다!

토익 990점 만점, 네이티브 영어 사용자!
대한민국 고등학교 영어는 4등급!

✦

우리 아이들은 초등학교와 중학교 시절, 공식적인 시험에 거의 노출되지 않았다. 영어 실력을 객관적으로 비교해 볼 기회가 없었던 것이다. 그러나 재미있는 점은, 아이들이 영어를 자유자재로 사용하는 모습을 보며 그들의 영어 실력이 이미 최상위권임을 확신했지만, 학교 영어시험에서는 만점을 받는 일이 마치 하늘의 별을 따는 것처럼 느껴졌다는 사실이다.

한국의 영어시험은 '줄 세우기'의 압박 속에서 만들어진다. 시험 문제는 학생 간의 미세한 차이를 가리기 위해 점점 복잡해지고, 결국 '문제를 위한 문제'가 되어버린다. 하지만 우리 아이들, 유빈이와 휘성이는 그런 시험 준비를 전혀 하지 않았다. 이유는 단순했다. 영어를 시험용 학문으로 여기는 순간, 영어가 생활에서 멀어질 것이기 때문이었다.

대신, 아이들은 영어책을 읽고, 인터넷에서 해외 정보를 검색하며, 세계인과 교류하는 데 영어를 사용했다. 그 과정에서 자연스럽게 영어를 몸에 익혔고, 진짜 살아있는 언어를 배웠다. 아이들에게는 영어시험 만점을 받는 것이 오히려 과학 논문을 번역해 해외에 알리는 일보다 더 어려웠다. 실제로 고등학교 재학 중 유빈이 동생은 영어시험에서 4등급을 받기도 했고, 이로 인해 아내가 걱정한 적도 있었다.

하지만 나는 확신했다. 우리 아이들이 해외 과학 논문 100여 편을 번역하고, 이를 통해 세계인과 자유롭게 소통하고 있다는 것이 그 무엇보다 강력한 증거였다. 아이들이 학교의 '줄 세우기'라는 잣대에 흔들리지 않도록, 부모로서 믿음을 잃지 않으려 했다.

그리고 결국, 아이들의 영어 능력을 객관적으로 확인해 보고자 토익 시험을 보게 했을 때, 첫 시험에서 990점 만점이라는 결과를 받았다. 이 경험은 그동안 우리가 선택한 영어교육 방식이 옳았다는 것을 확실히 보여주었다.

유빈이와 휘성이의 영어교육을 통해 깨달은 것은 분명하다. 학교 영어는 줄 세우기에 불과하다. 1등급이라는 성적이 진짜 영어실력을 보장하지 않는다. 실제 외국인을 앞에 두고 대화하려 할 때, 시험을 위해 익힌 영어는 너무나 무기력할 수 있다.

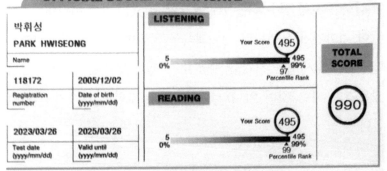

OFFICIAL SCORE CERTIFICATE

YBM 한국 TOEIC 위원회

박휘성
PARK HWISEONG
Name

118172 | 2005/12/02
Registration number | Date of birth (yyyy/mm/dd)

2023/03/26 | 2025/03/26
Test date (yyyy/mm/dd) | Valid until (yyyy/mm/dd)

LISTENING
Your Score 495
5 495
0% 99%
97
Percentile Rank

READING
Your Score 495
5 495
0% 99%
99
Percentile Rank

TOTAL SCORE
990

ered trademarks of ETS in the United States and other countries. and used under license in the Republic of Korea by YBM.

박휘성, 첫 시험에 토익 990점 만점, '영어의 신!'

    물론, 학교 시험과 실생활 모두에서 완벽히 통하는 영어를 익히는 것은 누구나 바라는 이상적인 목표다. 하지만, 이를 현실에서 이루기 얼마나 어려운지 영어를 공부해 본 사람이라면 공감할 것이다. 그래서 굳이 선택해야 한다면, 언어는 언제든지 자유롭게 필요에 의해서 사용하기 위한 언어로 교육되어야 한다는 게 우선이라는 것을 꼭 전하고 싶다.

    유빈이와 휘성이는 중학교 때부터 우리나라의 과학 논문을 번역하여 세계에 알리거나 하버드, 스탠퍼드, MIT 등 명문 대학의 최신 기술을 접하며 영어를 생활화했다. 이러한 과정을 통해 그들은 영어를 단순한 학문이 아닌, 삶의 일부로 만들어갔다.

    현재 두 아이는 글로벌 자율주행 AI 경쟁을 하는 기업에서 해외 기술 교류를 담당하며 핵심적인 역할을 하고 있다. 그들의 영어 실력은 시험 점수로는 절대 평가할 수 없는 진짜 실력이다.

이 이야기가 우리나라 영어교육을 고민하는 많은 부모님들과 학생들에게 새로운 시각을 제공할 수 있기를 바란다. 영어는 줄 세우기를 위한 것이 아니라, 삶과 꿈을 넓히는 날개가 되어야 한다.

05

세계 대학생을 모아
AI 동아리 회장이 되다

산골에서 자란 소년이 글로벌 AI 1,000명 규모의 동아리를 만들고, 1억 원 규모의 대회를 개최할 수 있었던 이유는 무엇일까?

유빈이와 휘성이를 키우면서 나는 아이들의 성장 과정이 '겨자씨'와 닮았다는 생각을 참 많이 했던 것 같다. 겨자씨는 나무 씨앗 중에서도 가장 작은 것 중 하나로 너무 작고 보잘것없지만, 잘 자라난 겨자나무는 4~5미터나 되는 거목으로 성장해 새들이 깃들 공간을 만들어 준다. 우리 아이들도 그렇게 작고 보잘것없는 환경에서 출발했지만, 시간이 지나면서 누구보다 높이 성장해 세상에 쉼터와 영감을 주는 존재가 되었다.

사업 실패로 가족들에게 보통 사람들은 겪을 수 없는 환경을 제공했지만, 가족 모두가 꿈을 잃지 않고 한 걸음 한 걸음 나아가다 보니 오늘의 이 자리까지 오게 되었다.

비록 나의 사투리가 잔뜩 섞인 영어 읽기부터 주변의 책들을 얻어 읽히기도 했지만, 매주 방문한 도서관 책 읽기와 봄에서 가을까지 마음껏 뛰어놀던 산골짜기 추억들은 우리 아이들에게 삶의 비옥한 영양분이 되었다. 그런 날들이 쌓여 유빈이와 휘성이는 점차 튼튼한 거목으로 자라났다.

유빈이가 고등학교 2학년 때였다. 전 세계 AI에 관심 있는 대학생들을 모아 글로벌 동아리를 만들겠다는 당찬 목표를 세웠다. 최신 AI 정보를 공유하고 세미나를 열며 회원 수는 1,000명으로 늘어났다. 그리고 어느 날, 유빈이는 큰 결정을 내렸다.

"전 세계 AI 대회를 개최하겠습니다."

하지만 대회를 열기 위해서는 큰 비용이 필요했다. 유빈이는 나에게 도움을 요청했고, 나는 유빈에게 실리콘밸리 기업의 문을 두드려보라고 제안했다. 주저하지 않고 유빈이는 여러 AI 기업의 대표들에게 직접 이메일을 보냈다.

일주일 후, 유빈이 흥분된 목소리로 말했다.

"1억 원 규모의 경품과 후원을 받게 되었어요!"

고등학생의 패기로 이루어낸 놀라운 성과였다. 이렇게 장한 일을 해내는 유빈이의 모습이 참으로 대견하고 자랑스러웠다.

그 후 대회를 준비하는 동안 유빈이는 하루가 다르게 성장했다. 대회의 규칙을 만들고, 출제 문제를 설계하며, 운영진을 조직했다. 세계 각국의 대표들과 밤낮으로 화상 회의를 이어가며 그는 이미 글로벌 리더로서의 자질을 발휘하고 있었다. 대회는 성공적으로 마무리되었고, 1등은 인도의 한 대학생이 차지했다.

유빈이는 대회를 통해 세계 학생들의 수준을 새롭게 깨달았고, 특히 인도에 대한 관심을 갖게 되었다. 인도의 1등 수상자는 상금을 전액 어려운 학생들을 위해 기부하겠다고 밝혔다. 이를 들은 유빈이도 감동을 받아 함께 기부에 동참했다. 이 따뜻한 장면은 우리 모두에게 깊은 울림을 주었다.

고등학교 3학년이 된 유빈이는 삼성의 특채 제안을 거절하고, "아마존을 능가하는 글로벌 인재를 찾는다"는 AI 기업 올웨이즈 Always의 팀장이 되었다. 올웨이즈에서 대한민국 최고 명문대 동료들과 함께 회사를 이끌며 새로운 도전을 이어갔다.

올웨이즈 입사를 선택하면서 공고생 최초 카이스트 진학 목표는 포기했지만, 인터넷으로 스탠퍼드 AI 전문가 과정을 수료하며 자기 주도적으로 미래를 준비했다. 최신 AI 논문을 탐독하며 끊임없이 성장한 유빈이는 결국 자율주행 AI 분야 최고 기업 맨드 언맨드Manned & unmand의 팀장으로 스카우트되었다.

힘든 환경 속에서 작은 겨자씨처럼 자라난 유빈이와 휘성이. 그들은 이제 단순히 한 가정의 자랑을 넘어, 세계를 향해 도전하는 리더로 우뚝 서 있다. 그들의 이야기는 꿈과 노력, 그리고 신념이 만들어낸 한 편의 드라마다. 작고 보잘것없어 보일지라도, 씨앗은 반드시 자라난다.

06

눈물 없이 꿈을
이룰 수 있는가?

유빈이가 자연과 함께하는 축복 속에 성장할 수 있었던 반면, 경제적으로는 많은 불편함 속에서 어린 시절을 보냈다. 아이들에게 부자가 되는 법을 가르치지도 않았는데, 유빈이가 초등학교 4학년 때 우리는 놀라운 경험을 하게 되었다.

유빈이는 일주일마다 아주 적은 용돈을 받았다. 어느 날, 유빈이는 용돈으로 편의점에서 1+1 과자를 사서 학교 사물함에 넣어두었다. 학교가 점심시간에 아이들이 밖에 나가지 못하게 통제했기 때문에 아이들은 먹고 싶은 과자를 사 먹지 못했다. 유빈이는 이 점을 알고는 사물함에 넣어둔 과자를 점심시간에 팔기 시작했다.

그다음 날, 유빈이는 어제 번 돈으로 과자 한 개를 더 구입해 점심시간에 판매했고, 이렇게 하다 보니 수익은 점점 늘어났다. 유빈이는 그렇게 번 돈을 들키면 혼이 날까 봐 우리 집 위층 아파

PART IV 실패와 도전을 통한 성장

트 계단에 있던 고무통에 숨겨 두었다. 모아둔 돈이 15만 원 정도나 되는 큰돈이었다.

그런데 어느 날, 유빈이가 큰 소리로 엉엉 울었다. 이유를 묻자, 모아두었던 돈이 감쪽같이 사라졌다는 것이었다. 그 어린 나이에 그렇게 천 원, 이천 원 모은 큰돈을 써 보지도 못하고 잃어버렸으니 얼마나 슬펐을까?

유빈이가 나보다 경제관념이 뛰어나다는 사실보다, 어린 나이에 돈을 모으게 한 자신의 무능력함에 마음이 아려왔다. 하지만 시간이 지나고 보니, 진짜로 유빈이는 나보다 비즈니스에 더 뛰어났다.

유빈이가 올웨이즈 팀장에서 인공지능 AI 회사로 이직할 때 연봉 협상이 있었다. 공동창업자인 세 분의 대표님은 서울영재고를 졸업한 서울대 출신의 AI 경험이 풍부한 최고의 능력자들이었다. 유빈이를 스카우트하기로 마음먹고 유빈이에게 어떤 대우를 원하는지 물었을 때, 보통의 경우는 "알아서 주세요" 할 텐데, 유빈이는 당당히 "지분 5%를 받고 싶다"라고 했다. 공동 대표님은 유빈이의 의견을 받아들여 2%를 먼저 주고, 1년마다 1%씩 더 주기로 했다.

유빈이는 그날부터 최고의 대우를 받은 만큼 최고로 일을 해냈다.

자신의 능력에 혼신의 힘을 다해 자신을 성장시켰고, 그 회사는 1년 후에 글로벌 자율주행 AI 최고의 회사가 되었다. 유빈이를 아버지같이, 삼촌같이 지도해 주고 사랑해 주신 대표님들 모두에게 진정으로 감사를 전하고 싶다.

이렇게 유빈의 경제적인 감각은 남다르다. 유빈이는 경제적인 풍요로 자아실현을 이루며, 언젠가 자신도 스타트업을 창업해 일론 머스크를 능가하는 회사를 만들고 싶다고 한다. 어릴 때 할머니에게 약속했듯이, 기회가 주어지면 경제적 어려움으로 학업이 어려운 학생들을 위해 키다리 아저씨처럼 후원할 재단을 만들고 싶다고 한다. 자신이 세상을 다 구할 수는 없지만, 인재를 길러 다른 사람을 돕는 것이 경제적으로 더 효율적이라고 하였다.

우리가 지구별에 살아가는 동안 부모 또한 꿈을 가져야 아이들도 꿈을 가질 수 있다. 서로의 꿈을 이야기하며 함께할 때, 가족은 더욱 건강해지고 대한민국의 미래는 밝아질 것이다.

공부 잘하는 것보다
인간이 되는 것이 먼저

"공부 잘하는 것보다는 인간이 먼저 되어야 한다."

이 말에 고개를 끄덕이면서도, 자녀를 키우다 보면 이 진리가 얼마나 어려운지 절감하게 된다. 아이들은 어른들의 거울이다. 부모가 스스로 실천하지 못하면서 자녀에게만 올바른 것을 강요한다면, 그 말은 공허해지고 아이들은 부모의 이중적인 태도에 실망하게 된다. 나 또한 이런 고민 앞에서 머뭇거렸고, 이를 해결하기 위해 지금까지 꾸준히 노력하며 실천하고 있다.

아이들과 매일 아침, 저녁 중 한 끼는 꼭 같이 먹고, 아이들의 하루 생활에 대해 이야기한다. 식탁 위에서 나누는 소소한 대화 속에는 아이들의 하루가 담겨 있다. 그들의 이야기를 듣고 공감하며 자연스럽게 하루의 고민과 기쁨을 나눈다.

또한, 종교 활동이나 지역 복지관 봉사도 꾸준히 실천하고 있다. 어려운 이웃을 도우며 아이들은 자신의 작은 손길이 타인에게 얼마나 큰 힘이 될 수 있는지 체험하게 된다.

내가 가장 잘한 것 중의 으뜸은 유빈이가 여덟 살부터 지금까지 매주 친할머니와 외할머니에게 전화하여 안부를 전하고 한 주간 있었던 일을 전해주는 것이다. 보통 아이들은 전화 통화를 한 달에 한 번도 하지 않는 경우도 있고, 막상 전화하면 서먹하여 어떤 이야기를 할지도 어려워한다. 유빈이는 할머니에게 전화하는 것을 당연한 것으로 받아들인다. 할머니 할아버지에게는 손주의 전화를 기다리는 즐거움과 한 주간 있었던 일을 듣는 것이 인생에서 최고의 즐거움이자 다음 한 주를 살아가는 힘이 되고 있었다.

나의 아버지는 어려서부터 어머니 없이 자라셨다. 그래서인지 사랑을 표현하는 법을 배우지 못하셨다. 3남 2녀를 키우는 동안 단 한 번도 입학식이나 졸업식에 참석하지 않으셨는데 인생이 참 외롭고 불쌍한 분이었다. 인간은 나이를 먹는다고 배우는 것은 아닌 것 같다. 참다운 인간이 되기 위해서 환경이 매우 중요하다. 좋은 환경 속에서 체험하고 느낄 수 있도록 하는 것이 최고의 교육이다.

그런 아버지가, 휘성이의 초등학교 입학식에 손을 꼭 잡고 참석하셨다. 일흔을 넘긴 연세에 처음으로 시골 학교 교실에 앉은 아버지는 북받치는 감정에 눈물을 흘리셨다.

그 순간, 그토록 냉정했던 아버지의 마음이 녹아내렸다. 손자의 웃음소리가 그의 마음을 자애로운 할아버지로, 따뜻한 아버지로 변화시켰다. 아버지는 생의 마지막 순간까지도 그날을 최고의 날로 기억하며 손주들이 세상의 주역이 되는 모습을 간절히 기대하셨다.

인간이 된다는 것은 부모의 실천 없이는 안 되고, 함께 실천할 때 주변 모두 변한다. 어려운 것이 아니라 전화 한 통부터 시작해보길 권한다. 작은 변화는 우리가 먼저 움직이는 데서 시작된다. 전화 한 통, 따뜻한 대화, 정성 어린 관심이 아이에게 인간다움을 심어주고, 가족을 바꾸며, 세상도 바꾼다. 공부보다 중요한 것은 결국 인간이 되는 법을 배우는 것이다.

첨단시대, 자녀에게 제공하는 휴대폰
어찌 하오리까?

나는 부모가 되기 전에 부모학교가 있다면 '참부모'가 되는 교육을 먼저 받고 자녀를 키웠으면 참 좋겠다는 생각을 자주 한다. 아이를 낳아 기른다는 것은 축복이지만, 동시에 끊임없는 노력과 고통을 요구한다. 그러한 과정을 통해 대나무 마디가 하나씩 맺어지듯이 아이들은 반듯하게 성장해 간다.

유빈이가 처음 휴대폰을 손에 쥔 것은 고등학교 2학년 때였다. 원래 약속은 고등학교 졸업 후에 주기로 했지만, 각종 대회에 참여하며 인증이 필요해지자 어쩔 수 없이 휴대폰을 사주게 되었다. 당시 학교에서 휴대폰 없는 학생은 유빈이가 유일했다.

나를 두고 '무식한 원시인'이라 말해도 변명의 여지가 없지만, 너무 어린 나이에 휴대폰을 제공하는 것은 자녀 교육에 치명적인 문제라고 단호하게 말하고 싶다. 누구나 아이들과 좋은 관계를 맺기 위해 또래 아이들이 하는 것을 당연히 해주어야 한다고 생각할지 모르지만, 부모의 단호함 없이 하나씩 규칙을 무너뜨리다 보면 결국에는 가족 모두 눈물을 흘리는 결과를 맞이할지도 모른다.

유빈이와 휘성이가 지금 남들이 부러워하는 위치에 오를 수 있었던 비결은 책 읽기에 있다. 어린 시절, 우리 집에는 TV도, 휴대폰도 없었다. 경제적인 이유로 선택의 여지가 없었지만, 그 부족함은 오히려 넘치는 상상력과 행복감을 만들어냈다. 만약 유빈이와 휘성이에게 어릴 적부터 휴대폰이 있었다면, 책 읽기를 습관화하기는 어려웠을 것이다.

좋은 부모가 되기 위해선 아이들에게 모든 것을 제공하는 것이 아니라, 단호한 기준을 세우고 일관된 모습을 보여주는 것이 중요하다. 부모가 서로 다른 의견으로 아이 앞에서 갈등을 보인다면, 아이는 혼란에 빠질 뿐이다.

시대가 아무리 바뀌어도, 초등학교까지는 휴대폰을 주지 않는 것이 좋다. 불가피하게 제공해야 하는 상황이 온다면, 휴대폰 사용을 반드시 필요한 경우로만 제한해야 한다. 이를 위해 부모는 아이가 없는 곳에서 의견을 조율하고, 규칙을 절대 어기지 않는 모습을 일관되게 보여야 한다.

아이들에게 진정한 사랑은 때로는 단호함을 통해 전해진다. 휴대폰이라는 도구가 아이들의 성장에 미칠 수 있는 영향을 고민하며, 부모로서 단단한 기준을 세워야 한다. 작은 선택 하나가 아이의 미래를 결정할 수 있다. 부모의 단호함이 결국 아이들에게 더 큰 자유와 행복을 선물하게 될 것이다.

09

산골축사에서
살아남기 위한 몸부림

첫째, 이웃집을 부러워하지 마라.

경제적인 어려움은 견디기 힘든 시련이었다. 특히 옆집을 부러워하는 순간, 그나마 있던 행복마저 사라지곤 했다. 아이들에게 필요한 것을 해주지 못하는 부모의 마음은 이루 말할 수 없이 무거웠다. 그 시절, 우리는 깊은 산골의 단절된 환경 덕분에 이웃과 비교하지 않을 수 있었다. 이웃이 없다는 사실이 오히려 축복으로 다가왔고, 남을 바라보지 않고 우리만의 행복을 만들어 나갈 수 있었다.

둘째, 현재 줄일 수 있는 것은 모두 줄여라.

산골 생활 초기, 도시에서의 소비습관은 그대로 남아 있었다. 매달 날아오는 카드 고지서는 감당하기 어려운 벽이었다. 우리는 특단의 조치를 내려야 했다. 먼저 자동차를 처분하고 대중교통을 이용했으며, 장기적인 계획으로 들었던 보험도 모두 해지했다. 꿈소와 아이들의 이발은 아내가 맡았고, 아내의 머리가 길어지면 내가 잘라주었다. 그렇게 조금씩 생활비를 줄여 나가며, 고지서를 볼 때마다 느꼈던 두려움에서 점차 벗어날 수 있었다.

셋째, 산 중턱의 추위와의 싸움.

산 중턱의 매서운 겨울바람과 얼어붙은 벽과 방바닥으로 인해 기름값이 한 달 생활비 가까이 나오는 것이 가장 힘들었다. 고심 끝에 개울가로 내려가 몇 시간을 돌아다니던 중 마음에 드는 바윗돌 하나를 찾았다. 납작하고 두꺼워서 불에도 잘 깨어지지 않을 15kg 정도 나가는 돌을 낑낑거리며 집으로 들고 와 깨끗이 씻었다. 그 돌을 가스레인지에 올려 20분 이상 은은하게 불에 구우니 뜨거운 열을 내기 시작하였다. 데워진 돌을 신문지로 감싸고 재활용장에서 구해온 이불로 몇 번 둘둘 돌려 싸고선 두꺼운 목화솜 이불 속에 넣었다. 오늘 밤부터 발아래 놓인 돌이 무서운 겨울 냉방에서 우리 소중한 산골 형제들의 기나긴 밤을 따뜻하게 지켜줄 것이다. 아픈 추억이 하나 있다. 돌의 따뜻함에 이끌려 막내 휘성이가 달구어진 돌로 파고들다가 여린 다리에 그만 화상을 입은 것이다. 그 흉터를 볼 때마다 마음 한편이 짠해진다. 아침이 밝아오면 머리맡에 놓아두었던 물컵에는 물이 꽁꽁 얼어 있었다.

넷째, 아이들 발육을 위한 단백질 공급을 하기 위해

한창 쑥쑥 자라나는 아이들의 성장 발육을 위해서는 영양소를 골고루 갖춘 식단을 제공해 주어야 한다. 그러한 영양분을 공급하기 위해 아이들에게 해주었던 것 중 전하기 힘든 일화 한 가지를 이야기하겠다.

이것을 구하기 위해서는 약간의 준비가 필요하다. 가을에 낙엽이나 마른 풀, 그리고 주변 잡초를 잘라 잘 쌓아둔다. 비가 오면 그곳으로 토룡이지렁이들이 모여든다. 날이 갠 후 쌓아두었던 덤불 사이를 헤쳐보면 굵은 산 지렁이들이 가득하다. 토룡이를 깨끗이 씻어 주변에 자생하는 쑥과 도라지를 넣어 푹 고아서는 아이들에게 마법의 약을 만들어 왔다고 멋진 이야기를 만들었다. 아이들은 지혜롭고 강한 왕자로 성장할 수 있다는 믿음으로 투정을 부리지 않고 잘 먹어주었다. 도시에서는 상상도 할 수 없지만, 산골축사에서는 그것이 생활이었기에 모든 것들을 자연에 순응하며 살았다.

그 이후에 수박 형님이 3개월 된 중닭 10마리를 선물로 가져다주었다. 어린 닭들을 마당에 풀어놓고 방목으로 건강하게 키웠다. 건강하게 잘 자란 닭들은 우리에게 매일매일 세상에서 가장 소중한 알들을 낳아 주었다. 아침마다 유빈이와 휘성이가 닭장으로 달려가 갓 낳은 달걀을 가져오는 것은 아이들에게 이루 말할 수 없는 즐거움이 되었다. 하지만 달걀을 가져오기 위해서는 무시무시한 수탉을 물리쳐야 하는 어려움도 있었다.

어린 시절 토룡이와 방목으로 키운 닭들의 달걀 덕분인지 아이들은 단 한 번의 병치레도 없이 건강하게 잘 자라 주었다.

다섯째, 죽음도 무섭지 않게 하는 병원비

산골에서 생활비를 벌기 위해 서울로 나가 헤드헌터 일을 잠시 한 적이 있다. 헤드헌터를 처음 하다 보니 직업을 구하려는 청년들의 구구절절한 사연을 읽으며, 학력이나 경력보다는 실력 우선으로 기업에 인재들을 추천하게 되었다. 그러다 보니 생기는 수익이 거의 없었다. 그날도 열심히 일하고 강남에서 산골축사로 돌아가려고 잠실에서 덕소로 가는 좌석버스를 탔다. 버스 안은 이미 복도까지 가득 차 발 디딜 틈이 없었고 숨쉬기조차 힘들었다. 갑자기 설명하기 힘들 만큼 큰 압박감이 느껴졌고, 이러다가 죽을 것만 같아 내리려고 승객들 사이를 헤집기 시작했다.

"잠시만요. 저 좀 내리게 비켜주세요"라는 말을 하고 싶었지만, 입 밖으로 한마디도 나오지 않았다. 순간 죽음을 직감하고 불현듯 이런 생각이 떠올랐다. '아이들과 아내는 어떡하지? 아무 대책이 없는데 그 열악한 산골축사에서 나 없이 어떻게 살아가지?' 그들이 불쌍하게 살 것이라는 생각에, 비록 짧은 순간이었지만 걱정이 되어 마음이 편하지 않았다.

하지만 모든 것이 순식간에 사라졌고 캄캄한 암흑 속 죽음의 신이 도로 한가운데로 찾아왔다. 버스는 아수라장이 되었고 1670번 버스는 덕소로 가던 길을 멈추고 잠실대교 건너 도로 옆에 세워져 응급차가 올 때까지 기다렸다. 20여 분이 흐른 후 갑자기 응급차의 시끄러운 소리가 저 멀리서 희미하게 들려왔고, "정신 차려보세요"라는 한 응급대원의 목소리가 기적처럼 들려오기 시작했다.

의식이 돌아오는 것을 느끼자마자 내가 제일 먼저 한 행동은 열 손가락과 열 발가락을 하나씩 움직여 보는 것이었다. 다행히 모든 것이 잘 움직여 주었다. 나를 병원 응급실로 옮기려는 구급대원에게 나는 병원에 갈 수 없다고 말했다. 무조건 집으로 가야 한다고 했다. 구급대원들은 "지금 이 상태로 병원에 가지 않으시면 큰일납니다. 꼭 병원에서 진료받고 가셔야 합니다"라고 말했지만 나는 한사코 집으로 가겠다고 하였고 결국 집으로 돌아왔다.

당시 나에게는 경제적 여력이 없었기에 병원에 가게 되면 가족들의 생활을 감당하기가 어려웠기 때문이었다. 돌이켜보면 정말 어리석은 판단이었지만 신께서 나에게 아이들과 조금 더 함께할 수 있는 시간을 허락해 주신 것이라 생각한다.

내가 산골축사에서 살아남기 위한 몸부림은 아이들이 자라는 데 필요한 영양소가 되었고, 우리 가족이 앞으로 어떠한 어려움이 닥쳐도 이겨낼 수 있는 힘이 되었다. 그 고단한 시간들이 없었다면, 지금의 우리도 없었을 것이다.

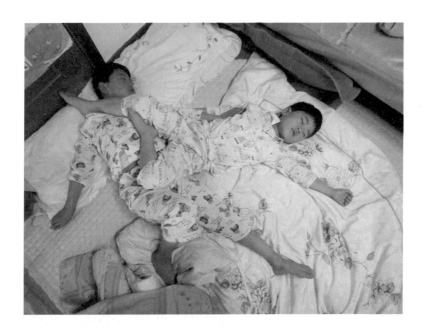

지혜로운 어머니 ④

율곡 / 안중근의 어머니

> 율곡의 어머니 신사임당,
> "예가 아니면 보지도 듣지도 말하지도 말라"

율곡 이이 (1536~1584년)

율곡 이이1536-1584는 조선 중기의 대표적인 유학자이자 정치가로, 성리학의 발전에 큰 영향을 미친 인물입니다. 율곡은 성리학의 정통성을 계승하고, 현실적인 정치와 사회 개혁을 위한 이론을 제시한 인물로 평가받습니다. 특히 『격몽요결』과 같은 저서를 통해 교육의 중요성과 올바른 인간성 함양에 대해 설파하였고, 『이기이 원론』에 대한 해석으로 유명합니다. 율곡의 학문과 사상은 조선시대 유교 사상의 발전에 큰 영향을 미쳤으며, 그의 저서들은 현재에도 많은 학자들에게 중요한 자료로 남아 있습니다.

부모님

율곡의 아버지 이원수는 조선 중기의 유학자로, 성리학의 정통성을 중요시하며 학문에 뛰어났습니다. 이원수는 아들에게 성리학의 기본을 가르쳤고, 그의 교육과 성장은 아버지의 학문적 지도 덕분에 더욱 견고해졌습니다.

율곡의 어머니 신사임당은 우리나라에서 위대한 어머니로 대표되는 분입니다. 신사임당은 조선의 대표적인 여성 유학자이자 예술가로, 한국 역사에서 뛰어난 여성 인물로 평가받고 있습니다. 그녀는 율곡 이이가 어릴 때부터 학문과 예술의 중요성을 강조하며 교육을 주도했습니다. 신사임당은 학문적인 면뿐만 아니라, 뛰어난 그림과 시문詩文으로도 잘 알려져 있습니다. 그녀의 예술적 감각과 깊은 도덕적 가르침은 율곡 이이에게 큰 영향을 주었으며, 이이의 인격과 학문적 성취에 중요한 역할을 했습니다.

중요시한 교육

예를 중시한 가정 교육

신사임당은 자녀들에게 단순히 지식을 전달하는 것에 그치지 않고, 도덕적 가치와 인간으로서의 품격을 가르치는 데 심혈을 기울였습니다. 그녀의 교육 철학의 중심에는 '예禮'가 있었고, 이를 통해 자녀들에게 올바른 삶의 기준을 심어주었습니다.

"예가 아니면 보지도 듣지도 말하지도 말라"는 그녀의 가르침은, 단순히 겉으로 보이는 예절을 넘어서, 마음속 깊은 곳에서부터 우러나오는 존경과 배려, 타인에 대한 예의 바른 태도를 강조한 말이었습니다. 신사임당은 자녀들이 자신을 포함한 타인에게도 올바른 태도를 유지할 수 있도록, 끊임없이 윤리와 도덕을 교육하며 그들이 바른 사람으로 성장할 수 있도록 이끌었습니다.

그녀의 이러한 교육이 율곡 이이를 비롯한 후손들에게 큰 영향을 미쳤고, 후에 『격몽요결』의 기초가 되어 그 교육이 더욱 널리 퍼져나가게 되었습니다. 신사임당의 가정 교육은 그 당시 유교적 가치관을 따른 전통적인 교육에서 한 걸음 더 나아가, 자녀들의 마음속에 윤리적 사고와 도덕적 책임감을 심어주는 중요한 역할을 했습니다.

평등한 교육의 실천자

강원도 명문가에서 태어난 신사임당은 어려서부터 아버지 신명화에게 평등한 교육을 받으며 자랐습니다. 신명화는 자녀들에게 성별을 따지지 않고 교육했던 선구자로, 아버지의 영향을 받으며 신사임당 역시 아들과 딸에게 평등한 학문 교육을 실천했습니다.

신사임당은 딸들에게도 시를 쓰고 글을 배우게 하여, 그들이 남성 못지않은 학문적 성취를 이룰 수 있도록 했습니다. 이런 교육은 당시 여성들에게 교육의 기회를 제한적으로 제공하던 사회적 풍습과는 크게 상반되는 혁신적인 접근법이었습니다. 이러한 신사임당의 교육 철학은 여성 교육의 중요성을 강조하며, 후세에 큰 영향을 미친 교육적 유산이 되었습니다.

자녀 양육을 위한 세심한 배려

율곡 이이의 어머니, 신사임당
(출처: 나무위키)

신사임당은 자녀들에게 단순히 가르침을 주는 것에 그치지 않고, 그들의 성장에 필요한 모든 것을 세심하게 배려하며 양육했습니다. 그녀는 율곡 이이를 포함한 7남매를 낳아 다산하였으나 가사를 소홀히 한 적은 없었다고 합니다.

자녀들이 집을 떠나 있을 때도 일일이 해야 할 일을 적어 보내며, 무엇보다 그들이 스스로 공부할 수 있도록 독려하고, 스스로 삶을 개척할 수 있도록 인내와 노력의 중요성을 강조했습니다. 가사와 자녀 교육을 병행하며 때로는 매우 바쁜 일정을 소화했지만, 신사임당은 자녀들에게 본보기가 되는 어머니로서의 역할을 충실히 해냈습니다. 자녀들이 자라는 동안에도 그녀는 꾸준히 그들의 마음을 살피고, 매일같이 자신이 가르친 바를 실천하도록 지도했습니다.

신사임당의 자녀 양육은 단순히 책을 통한 교육을 넘어서, 자녀들에게 삶의 지혜를 심어주고 그들이 훌륭한 사람으로 성장할 수 있도록 이끌어 주었습니다. 그녀의 배려는 자녀들뿐만 아니라, 후세의 교육과 가정에 대한 인식을 새롭게 하는 중요한 역할을 했습니다.

여담이지만, 우리나라 5천 원권 화폐에는 아들인 율곡 이이가 그려져 있으며, 어머니 신사임당은 5만 원권 화폐에 등장하고 있습니다. 이렇게 모자母子가 각각 우리나라의 대표적인 화폐 단위의 얼굴이 된 것은 매우 특별한 의미를 지닙니다.

신사임당은 세계 최초로 모자 화폐의 주인공이 된 어머니의 표상으로, 자랑스러운 유산을 남겼습니다. 이는 어머니와 아들이 각각 각기 다른 세대와 시대에서 큰 영향을 미친 인물로서, 오늘날까지도 그들의 위대한 정신과 업적을 기리고 있다는 것을 상징합니다.

[안중근의 어머니,
"옳은 일을 하고 죽는 것은 어미에 대한 효도이다"]

안중근 (1879~1910년)

안중근 의사는 한국의 독립운동가이자 대한제국과 일제 강점기의 저항의 상징적 인물로서, 1909년 일본의 초대 총리 이토 히로부미를 하얼빈에서 암살함으로써 역사에 기록되었습니다. 그의 행위는 단순한 정치적 행동을 넘어서, 그의 정신과 철학을 잘 보여줍니다. 그는 일본 제국주의의 폭력과 불의를 고발하고자 했으며, 이를 위해 자신을 희생하기로 결심했습니다. 암살 후에는 일본 경찰에 체포되어 재판을 받았고, 1910년 사형을 선고받고 순국했습니다. 안중근 의사는 마지막 순간까지 독립과 평화를 위한 메시지를 남겼습니다.

그의 사상과 행동은 오늘날까지도 한국과 세계에서 중요한 의미를 지니며, 안중근 의사는 한국의 민족 독립운동에서 중요한 상징으로 여겨지고 있습니다.

부모님

아버지 안태훈은 개신교와 천주교에 깊은 관심을 가졌으며,

1896년 명동성당에서 천주교에 귀의하게 되었습니다. 이후 가족 대부분이 영세를 받게 되고 이를 계기로 아내인 조마리아 역시 평생을 독실한 천주교 신자로서 헌신하게 됩니다.

안중근 의사의 어머니 조마리아 여사는 단순한 어머니의 역할을 넘어, 강한 의지와 신념으로 자녀들을 양육한 여성의 표상이었습니다. 그녀는 전통적인 양반 교육을 받은 명문가 출신으로, 문무를 겸비한 교육을 받으며 성장하였고, 가정에서 자녀들에게 이러한 가치들을 고스란히 전수했습니다. 특히, 그녀는 안중근 의사에게 독립과 민족 해방을 위한 확고한 의지를 심어주었습니다.

중요시한 교육

조마리아 여사

자녀의 독립과 애국심을 위한 지원

조마리아 여사는 자녀들이 독립운동에 헌신할 수 있도록 그들에게 깊은 애국심을 심어주고, 필요한 지원을 아끼지 않았습니다.

170

장남 안중근 의사는 중국 하얼빈역에서 우리나라 침략의 원흉 이토 히로부미를 사살하였고, 차남 안정근은 북만주에 우후죽순 세워진 독립군을 통합하여 청산리 전투의 토대를 마련하였으며, 셋째 아들 안공근은 백범 김구의 한인애국단을 실제 운영하며 윤봉길과 이봉창의 의거를 성사시켰고, 딸 안성녀는 독립군을 위한 군복을 만들어 지원하는 일을 하게 되었습니다.

이렇듯 조마리아 여사는 자녀들에게 학문과 무예를 넘어서, 나라를 위한 헌신을 위한 길을 열어주었으며, 그들이 독립을 위해 싸울 수 있도록 최선을 다해 지원한 장한 어머니였습니다.

의를 위해 죽음도 두려워하지 않는 강인한 어머니

평소 온화한 성품으로 자녀들의 자율을 존중했던 조마리아 여사였지만, 독립운동가의 어머니답게 강인한 정신력을 가지고 있었습니다.

장남 안중근 의사가 항일 독립운동을 위해 그녀에게 마지막 하직 인사를 드릴 때 "집안일은 걱정 말고 끝까지 남자답게 싸우라"라고 격려했습니다.

하얼빈 의거 후 안중근 의사가 1심에서 유죄판결을 받자, 면회 가는 두 동생 편에 편지를 전달하며 이렇게 자신의 뜻을 알립니다.

"중근이가 큰일을 했다.

만인을 죽인 원수를 갚고 의를 세웠는데 무슨 잘못을 저질렀단 말인가!

비겁하게 항소 같은 것은 하지 말고 깨끗이 죽음을 택하는 것이 이 어미의 희망이다. 옳은 일을 한 사람이 그른 사람들에게 재판을 다시 해 달라고 하는 것은 사리에 맞지 않는다. 혹시 자식으로서 늙은 어미보다 먼저 죽은 것이 불효라고 생각한다면 이 어미를 욕되게 하는 것이다."

이 편지를 받은 안중근이 어머니께 보낸 답장입니다.

"불초한 자식은 어머님 전에 감히 한 말씀 올리려 합니다. 엎드려 바라옵건대 자식의 막심한 불효와 아침저녁 문안 인사 못 드림을 용서하여 주시옵소서.

이 이슬과도 같은 허무한 세상에서 감정에 이기지 못하시고 이 불초자를 너무나 생각해 주시니, 훗날 영원의 천당에서 만나 뵐 것을 바라오며 또 기도하옵니다.

이 현세現世의 일이야말로 모두 주님의 명령에 달려 있으니 마음을 편안히 하옵기를 천만번 바라올 뿐입니다. 분도안 의사의 장남는 장차 신부가 되게 하여 주시길 희망하오며, 후일에도 잊지 마시옵고 천주께 바치도록 키워주십시오.

이상이 대요大要이며, 그 밖에도 드릴 말씀은 허다하오

나 후일 천당에서 기쁘게 만나 뵈온 뒤 누누이 말씀드리 겠습니다. 위아래 여러분께 문안도 드리지 못하오니, 반드시 꼭 주교님을 전심으로 신앙하시어 후일 천당에서 기쁘게 만나 뵈옵겠다고 전해주시길 바라옵니다. 이 세상의 여러 가지 일은 정근과 공근에게 들어주시옵고 배려를 거두시고 마음 편안히 지내시옵소서."

아들의 죽음을 헛되이 하지 않기 위해, 안중근 의사가 세상을 떠난 후 조마리아 여사는 시베리아와 상하이 등지에서 항일 독립운동에 적극적으로 가담하게 되었습니다.

조마리아 여사는 독립운동가들을 먹이고 재우며, 교민 사회에 복잡한 일이 벌어질 때마다 온화한 인품으로 해결하곤 했습니다. 안중근 의사의 가문은 40여 명이 모두 독립운동에 투신하여 한국 독립운동사에서 최고의 가문으로 우뚝 섰으며, 그 중심에는 조마리아 여사의 '의로운 자율형 교육'이 있었습니다.

조국을 위해 자신의 모든 것을 바친 조마리아 여사는 진정 위대한 어머니였습니다. 그녀의 사랑과 지지는 안중근 의사분만 아니라 수많은 독립운동가에게도 큰 힘이 되었습니다.

PART V

세계를 무대로
한국을 빛내다

> 돈 없이도 큰 꿈을 꿀 수 있다.
> 이왕이면 큰 꿈을 꾸고
> 꿈을 이루기 위해 노력하라.
>
> **- 꿈꾸는 소년 -**

01

인공지능 AI
전문가가 되려면

✦

아이들이 중학교 3학년이 될 때까지 인공지능 AI 전문가가 되리라는 생각을 해 본 적이 없었다. 많은 학부모들이 자녀가 초등학생일 때는 서연고서울대·연세대·고려대를 목표로 삼지만, 중학생이 되면 현실적으로 인서울서울 내 대학을 바라본다. 고등학생이 되면 그마저도 어렵게 느껴져, 대학 진학에 대해 말하기를 꺼리는 현실이 다가온다.

아이들이 자라 무엇이 되고 싶다고 말하는 나이는 최소한 고등학생 정도는 되어야 한다. 나 역시 아이들이 선택할 때까지 기다렸지만 선택하지 못했고, 아이 자신이 가고 싶은 곳도 실력과 조건이 되어야만 갈 수 있었다.

유빈이의 경우 마이스터고 무상교육의 혜택을 받았다고 아예 대학에 가지 못하게 교육청이 나서서 막았다. 나는 대학 자체가 꼭 필요하다고 생각하지 않았기에 인터넷을 통해 아이들이 배우고자 하는 것을 자유롭게 배울 수 있도록 지원했다. 하지만 대부분의 부모들은 여전히 내신과 정시 성적에 따라 학교와 전공을 결정한다.

나는 부모로서 유빈이의 장래를 위해 AI를 추천하였다. 유빈이는 어릴 때부터 탄탄한 기초를 쌓아온 덕분에 해외 AI 교육 과정을 수료할 수 있었고, 점차 스스로 흥미를 느끼며 경쟁력을 키워나가고 있다. 언젠가 유빈이가 경제적 자유를 얻고 나면 자신만의 새로운 길을 찾아갈 것이라고 믿는다.

많은 이들이 의대나 명문대 학과를 선망한다. 하지만 그러한 목표를 이루기 위해 어떤 노력이 필요한지 미리 보여주고 "이 길을 걸어볼래?"라고 묻는다면, 대부분은 그 길이 얼마나 어려운지 깨닫고 미리 포기할지도 모른다. 부모로서의 역할은 단지 성공의 목표를 보여주는 것이 아니라, 20년 후 자녀가 마라톤처럼 긴 인생을 살아갈 수 있도록 기초 체력을 길러주는 일이다.

유년기에는 스트레스 없이 뛰어놀고 독서를 통해 호기심을 키우게 해야 한다. 초등학교 시절에는 사고력을 키우는 데 집중해야 한다. 예를 들어, 공교육에서 제공하는 영재교육 프로그램은 사고력 발달에 큰 도움이 된다. 중학교 시절에는 간단한 프로그램을 직접 만들어 보게 하는 것도 추천한다. 프로그래밍은 복잡하고 어려운 것처럼 보이지만, 초등학생도 쉽게 따라 할 수 있는 간단한 프로그램부터 시작할 수 있다.

AI 전문가가 되려면 꼭 명문대나 대학원을 나와야 한다는 선입견이 있다. 하지만 현재 국내 대학의 AI 교수들도 계속해서 배우고 있는 실정이다. 해외 최신 논문을 꾸준히 읽고 공부하면, 국내 명문대 석사 졸업생 이상의 실력을 갖출 수도 있다.

AI의 본질은 데이터를 입력받아 실행하는 기존의 프로그램과 다르다. AI는 인간처럼 사고하고 스스로 학습한다. 따라서 단순히 오래 공부했다고 잘하는 것이 아니라, 최신 정보를 습득하고 심화 사고력을 발휘할 줄 아는 능력이 필요하다.

유빈이는 고등학교 때 스탠퍼드 AI 과정을 수료했고, 글로벌 AI 동아리를 만들어 세계인들과 세미나를 개최하며 정보를 교환했다. 최신 논문을 직접 찾아 읽고, 이를 프로젝트에 적용하며 끊임없이 도전했다. 지금은 SKY 교수들과 글로벌 자율주행 AI 개발을 협업하며 자신만의 길을 개척하고 있다.

부모로서 자녀가 단순히 '먹고살 직업'을 구하도록 돕는 데 그치지 말고, 그들이 진정으로 원하는 직업을 찾아갈 수 있는 역량을 키워주자. 어릴 때부터 독서 습관을 통해 사고력과 상상력을 길러주고, 세상의 변화를 즐겁게 받아들일 수 있는 태도를 심어주는 것이 중요하다.

결국, 부모의 최선은 아이들이 스스로의 가능성을 믿고, 원하는 길로 나아갈 수 있도록 돕는 것이다. 미래는 스스로 설계하는 이들의 것이다.

세계 최고 AI 학회에서 최우수 논문상 수상

02

미국대학 4억?
아니 단돈 600만 원으로 졸업하기

혹시 여러분 중에 유빈이와 휘성이가 대학을 가지 않고 먼저 취업을 시작한 후, 일시적으로 빠를지 모르지만 결국 명문대 졸업생들에게 뒤처질 것이라고 염려하는 분들이 있을지도 모른다. 그러나 유빈이와 휘성이가 단돈 600만 원으로 미국 대학을 졸업하기 위한 과정을 밟고 있다는 사실을 알게 되면, 생각이 달라질 것이다.

여러분에게 유빈이와 휘성이처럼 새로운 시대의 길을 열어갈 수 있는 기회를 소개하고자 한다. 바로 'University of the People'이라는 혁신적인 교육 모델이다.

일반적으로 자녀를 미국에 유학 보내려면 부모가 1년에 최소 1억 원 이상을 부담해야 하고, 4년 동안 학비와 생활비를 모두 고려하면 최소 4억 원이 필요하다. 하지만, 유빈이와 휘성이가 선택한 600만 원의 투자로 미국대학 졸업을 향해 나아가고 있다는 사실은 이 시대의 새로운 가능성을 보여준다.

유빈이는 글로벌 자율주행 AI 팀의 팀장으로서 최고의 연봉과 스톡옵션을 받으며 일하고 있다. 낮에는 직장에서, 밤에는 'University of the People'에서 대학 학위를 이수하고 있다. 휘성이도 마찬가지로 낮에는 AI 연구 매니저로 일하고, 밤에는 유빈이와 함께 미국대학 학위를 취득하고 있다.

두 아이의 선택은 단순히 빨리 취업해서 경제적 자립을 이루자는 계획이 아니다. 직장 경험과 대학 학위를 동시에 쌓아가며, 미래의 AI 전문가로서 성장하고 있는 것이다.

4년 후, 유빈이와 휘성이가 미국 대학에서 학사학위를 취득하면, 두 아이는 이미 AI 전문가로서의 경력을 쌓고 있을 것이다. 그리고 만약 원한다면 스탠퍼드, 하버드, MIT 등 세계 최고의 대학에서 대학원 과정을 시작할 수 있는 기회를 잡을 수 있을 것이다.

이제는 시대가 완전히 변해서 어릴 때부터 차곡차곡 쌓인 공든 탑은 점점 높아질 뿐 절대 무너지지 않는다. 또래들이 국내 대학교에 다닐 때, 유빈이는 글로벌 인공지능 AI 팀장으로 경력을 쌓게 된다. 4년이 지나면 미국 학위까지 취득하게 되어 두 마리 토끼를 동시에 잡는 셈이 된다. 대학원 석사 과정은 세계 최고의 명문대학에서 서로 모셔 가려고 한다면, 이는 남들이 걷지 않은 새로운 길을 만드는 것이다. 이것이야말로 지금 이 시대가 요구하는 미래의 인재상이 아닐까 싶다.

'University of the People'은 비영리 교육기관으로, 전 세계의 학생들에게 학비 없이 교육을 제공하는 혁신적인 대학이다. 이 대학은 인터넷을 통한 원격 교육을 통해 다양한 학문 분야에서 학사 및 석사 프로그램을 제공한다.

그리고 더욱 놀라운 점은, 이 대학이 교육의 기회를 더욱 확장하기 위해 다양한 장학금 프로그램을 운영하고 있다는 것이다. 이렇게 하면 누구나 경제적 부담 없이 자신의 꿈을 향해 나아갈 수 있다.

여러분도 이제는 기존의 틀을 깨고, 새로운 방법으로 자녀들의 미래를 준비할 수 있다. 단돈 600만 원으로 미국 대학을 졸업하고, AI 전문가로 성장할 수 있는 기회를 잡을 수 있다는 사실을 기억하자. 여러분이 원하는 만큼, 자녀들의 미래는 그만큼 무한한 가능성으로 열려 있다.

03
꿈소가 생각하는
도전이란

'꿈소'는 '꿈꾸는 소년'을 줄인 말이다. 많은 사람들이 "다 큰 어른이 꿈만 꾸면 어쩌냐, 현실과 타협하고 살아야 미래를 도모할 수 있지 않겠냐?"라고 이야기한다. 그러나 나는 이런 말을 들을 때마다 가슴이 뜨겁다. 내가 오늘 이 자리에 있을 수 있도록, 나를 가장 가까이에서 지켜봐 주고 함께 힘든 시간을 견뎌낸 사랑하는 아내에게, 이 지면을 빌어 진심으로 감사와 존경의 마음을 전한다.

유빈이는 똑똑한 사람들이 빠질 수 있는 문제점을 가지고 있었다. 자기와 대화가 통하지 않으면 진정한 친구가 될 수 없다는 생각이 강해, 친구들과 어울리기보다는 도서관으로 달려가는 즐거움에 빠져 지냈다.

학년이 바뀌는 신학기가 되면 유빈이는 늘 기대에 부푼 설레는 마음으로 반 대표에 도전했다. 반 대표를 뽑는 선거에서 선거 연설문과 학급 운영 계획을 철저히 준비했지만, 중학교 2학년까지 한 번도 뽑히지 못했다.

시골 학교는 인원이 적어 초등학교 친구가 그대로 중학교로 이어졌다. 또래 문화가 특히 강한 곳이라 반장이 되는 것은 하늘의 별 따기와 같았다. 그럼에도 불구하고 유빈이는 포기하지 않았고 도전을 멈추지도 않았다. 유빈이는 학기마다 도전했고, 마침내 중학교 3학년이 되어 반장에 당선되었다. 그 순간의 기쁨은 마치 대통령에 당선된 것처럼 가슴 벅찼다.

유빈이의 첫 직장인 올웨이즈는 3명이 원룸에서 시작한 스타트업이었다. 1조도 아닌 1,000조 기업이 되겠다고 언론에 발표하자, 많은 사람들이 그들의 비전을 비웃었다. 하지만 그들은 물러서지 않고, 30명의 팀을 이루어 아마존을 능가하는 기업을 만들겠다고 인터넷을 통해 자신만만하게 선언했다. 뒤이어 1,000조 기업의 팀장을 뽑고 있으니 지원하라는 채용공고를 냈다. 나이와 학력을 묻지 않고 오직 창의적이고 도전적인 문제해결 능력을 갖춘 글로벌 인재를 모집한다는 내용이었다.

그들의 비전이 대단하다고 해야 할지, 아니면 무모하다고 해야 할지 모르겠다. 그들이 취업을 준비하는 청년들에게 던진 말로 인해 조롱하는 댓글들도 있는 반면, 능력 있는 글로벌 인재들 또한 지원하였고, 유빈이도 고등학생 신분으로 그 도전에 뛰어들었다.

올웨이즈 3명의 공동 대표는 서울 영재고등학교를 졸업하고 서울대를 졸업한 명석한 두뇌의 소유자들이었다. 그들은 돈을 벌기 위해 일하는 것이 아니라, 인류가 겪고 있는 문제를 해결하기 위해 자신들의 젊은 날을 올인하며 1,000조 기업을 만들겠다고 선언했다.

그리고 2년이 지난 지금, 그들은 800만 명의 회원과 1조 원에 가까운 기업 가치를 자랑하는 기업을 만들었다. 믿을 수 있는가? 준비된 사람이 두려움 없이 도전할 때, 사람들은 처음에는 기적처럼 보이는 일을 의심하지만, 시간이 지나면서 정말 그 일이 가능하다고 믿게 된다. 이것이야말로 진정한 아름다운 도전이 아닐까?

유빈이는 단 한 번도 사교육을 받지 않았다. 올웨이즈 지원 자기소개서에, 언젠가 자신도 일론 머스크보다 더 큰 벤처기업을 세워 돈이 없어 공부에 어려움을 겪고 있는 학생들을 후원하고 싶다고 했다.

유빈이는 자신의 실력으로 당당히 올웨이즈의 팀장으로 스카우트되었고, 자신의 한계를 넘어 더욱 성장하여 지금은 자신이 처음 생각한 대로 일론 머스크의 자율주행 AI 보다 더 성능이 우수한 자율주행 AI를 개발하는 팀장으로서 계속 도전하고 있다.

꿈의 크기는 제한이 없다. 부모님들은 우리의 자녀가 큰 꿈을 꾸도록 도와야 한다. 자녀가 미래에 겪을 수 있는 문제를 스스로 해결하는 능력을 키워주는 것이 부모의 중요한 역할이다.

꿈소의 꿈은 이 책을 시작으로 꿈꾸는 지혜로운 부모들로 대한민국이 가득 채워지는 그 순간을 생각하며, 한 걸음 한 걸음 쉬지 않고 나아가는 것이다. 도전은 멈추지 않는다. 꿈을 향한 여정은 지금 이 순간도 계속된다.

박유빈(Park Yu Been) /
박휘성(Park Hwi Seong)

박유빈 Park Yu Been

2018.	중2 영문 과학뉴스 사이트 운영 (https://labsscience.wordpress.com/
2020.	서울로봇고 입학 모스맵 AI : 모기 종별 고유 진동수를 AI로 분석 모기 기 피 음파를 방출 모기 퇴치 기술강국 장학생/ 강남의사회 장학생/ 삼성전자 장학생
2021.	TOICE 970 MIT 6S191 AI 홈트레이닝: 유저의 운동 패턴을 분석 실시간 동작 코 칭을 제공 AI 트레이너

2022.   Coursera Machine Learning
                GTC 2022
                디스코드 해외 인공지능 스터디그룹 운영
                (https://discord.gg/djjp3vJ3Dm)
                올웨이즈 팀장 입사

2023.   AI 스타트업 맨드언맨드 팀장 스카우트
                University of the People 입학

2024.   글로벌 자율주행 AI 개발 팀장 근무 중
                세계 최고 AI 학회 최우수 논문상
                Outstanding Paper Award 수상

박휘성 Park Hwi Seong

2018.	중1
	영문 과학뉴스 사이트 운영
	(https://labsscience.wordpress.com/

2021.	경기북과학고 입학
	Na'PLACE : 응용수학을 이용한 인공지능 기술
	이미지 인식 기술 (R&E) : 위조지폐 판별

2022.	2022년 한국 뇌 캠프
	8th APEC Conference for Teen Scientist
	온라인 국제학술교류
	AIM 새로운 수학 기반의 인공지능 탐구
	STEAM R&E 음향분석과 필터링 AI 학습 잡음 제거

2023.	TOICE 990
	Coursera Machine Learning
	AI 스타트업 맨드언맨드 인턴 시작

2024.	University of the People 입학
	2024 글로벌 사율주행 AI 개발 매니저 근무
	세계 최고 AI 학회 최우수 논문상
	Outstanding Paper Award 수상

05

우리나라 외교에 기여하는 것에는
나이와 학벌이 중요하지 않습니다!

유빈이는 중학교 2학년 때부터 대한민국 최고의 기술과학 논문 100여 편 이상을 영어로 요약하고 번역하여 세계에 알리는 과학 외교관의 역할을 해왔다. 자신이 할 수 있는 방법으로 우리나라의 과학적 성과와 기술적 발전을 세계 무대에 소개하며, 대한민국의 국제적 위상을 높이는 데 기여해 온 것이다.

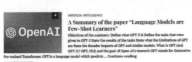

https://labsscience.wordpress.com/

유빈이의 이러한 노력은 외교의 새로운 모델을 제시하며, 나이나 학벌에 관계없이 누구든지 자신의 방식으로 국가에 기여할 수 있다는 가능성을 보여준다.

한국교육평가센터,
전국 초·중학생 학력평가 1회 수상자 발표

교육평가전문기업인 한국교육평가센터는 지난 4월 시행된 '전국 초·중학생 학력평가'를 통해 총 36명의 전국 단위 수상자와 지역 단위 학력 수상자, 과목별 학력 우수상 수상자를 12일 발표하였다. 그중 전 과목에서 우수한 성적을 거두며 농촌 지역인 경기도 양평군 소재 초·중학교에서 전국 기준 대상과 금상을 차지한 박유빈, 박휘성경기 양수중 학생과의 인터뷰를 통해 우수한 성적을 얻은 노하우에 대해 들어보았다.

이 두 자녀의 부모님은 "대도시에서 떨어진 곳에서 생활하다 보니 두 아이는 유치원은 물론 학원도 전혀 다녀본 적이 없다. 대신 스스로 공부할 수 있는 환경을 만들어 주기 위해 텔레비전을 없애고 책을 가까이 두어 언제든 읽을 수 있도록 했다"라며, "특히 가까운 도서관에서 매주 약 15권의 책을 빌려와 언제든 원하는 때에 읽을 수 있도록 하면서 많은 독서량이 폭넓은 사고와 이해력을 갖추는 데 많은 도움이 된 것 같다"라고 밝혔다.

전국 초·중학생 학력평가는 인터넷 검색을 통해 우연히 평가 마지막 날 알게 됐다고. 대도시에 사는 다른 학생들과의 격차를 알고 싶어서 응시했다. 이들은 "별다른 준비 없이 바로 시험을 보아서인지 학교 시험과 다른 유형의 문제들이 당황스러웠지만 평상시 실력을 알 수 있게 돼 좋았다"며 "다시 한번 도전하고 싶은 아쉬움에 다음 평가도 참여하려고 하는데 특히 상세한 문제해설과 평가결과 피드백이 공부하는 데 있어 많은 동기부여가 됐다"고 했다. 앞으로 과학고에 진학해 일론 머스크 같은 과학기술 분야에서 세계적인 CEO가 되는 것이 박유빈, 박휘성 학생의 꿈. 요즘은 그래서 수학과 과학 공부에 비중을 많이 두면서 문제풀이 능력을 키우는 데 많은 시간을 보내고 있다고 한다. 평소 좋아하고 관심 있는 국내의 과학기술들을 영어로 번역하여 소개하는 홈페이지를 스스로 운영하고 있기도 하다.

이들이 무엇보다 다른 사람에게 지혜와 지식, 경제적인 부도 함께 나눌 수 있는 사람, 아무도 가지 않는 길을 두려움 없이 도전하는 청년으로 성장하길 바란다는 부모님은 "여러 가지로 부족하고 어려운 상황 속에서도 스스로 공부하며 성장해 가는 두 자녀가 대견하다"면서 "앞으로도 최선을 다하며 후회하지 않는 삶을 살 수 있도록 부모로서 노력할 것"이라며 마무리 말을 전했다.

전국 초·중학생 학력평가
대상·금상 수상자

"매주 15권 독서가 큰 힘"
"시골학교에서 사교육 한 번 없이 자기주도적 학습"

– 한국교육평가센터 제공

07

산골축사에서 자율주행 AI 세계적인
논문 발표까지

"고졸 신화, 19세 상장사 AI 팀장이 되다."

AI… AI… AI….

세상은 온통 AI 시대를 준비하라고 외친다. 그런데, 어떻게 준
비해야 할지, 무엇부터 시작해야 할지 막막한 상황이라면, 먼저
인공지능AI이 무엇인지부터 제대로 이해할 필요가 있다.

지금까지는 인간이 컴퓨터를 이용해 문제를 해결해 왔지만, 이
제는 인공지능AI이 인간처럼 스스로 사고하고, 문제를 직접 해결
하는 시대가 왔다.

2015년까지만 해도, 인공지능AI 과학자들조차 인간처럼 사고
하고 문제를 해결할 수 있는 능력을 갖추는 것이 불가능하다고 생
각했다. 그리고 설사 가능하다 해도 그것은 먼 미래의 일이었고, 세

상은 그다지 주목하지 않았다.

그런데 세상이 깜짝 놀랄만한 일이 대한민국 서울에서 일어났다. 세계 최고의 바둑기사 이세돌과 인간이 만든 기계인 인공지능 알파고AI가 인간만의 사고로 즐기던 바둑 경기에 도전장을 던졌고 이러한 세기적인 대회는 실시간 방송을 통하여 전 세계에 전파되었다.

최종 결과는, 알파고AI가 4승 1패로 이세돌을 이기면서, 인공지능이 다가올 미래를 예고한 사건이 되었다. 그 결과는 단순한 승패를 넘어, 인공지능AI이 인간의 사고를 능가하는 시대가 가까운 미래에 올 수 있음을 시사했다.

유빈이와 휘성이는 초등생이었지만 도서관에서 해외 과학잡지와 인터넷으로 해외 최신 과학정보를 매일매일 보고 듣고 있었기 때문에 가까운 미래의 세상에는 인간과 로봇이 공존한다는 생각을 자연스럽게 피부로 느끼고 있었다.

아이들이 학교의 주입식 수업과 정답을 찾는 교육에 큰 관심을 보이지 않았기 때문에 학교 공부를 강요하지 않았다. 대신 아이들은 체험하고 실험하는 것을 좋아하였고 그중에서도 교육청 영재 과학실험을 가장 좋아했다.
1년 동안 발표할 논문의 주제를 정하고 실험계획서를 세우고 수많은 실험을 하고 해외 유명 대학 논문을 읽으면서 유빈이, 휘성이가 일반 정규교육에 힘쓰는 또래 아이들보다 일찍 세상을 바라보는 능력과 문제 해결 능력이 급성장하는 것을 지켜보았다.

국내의 정보에 머물지 않았고 영어에 자유로운 아이들이었기에 세계의 과학기술이 흘러가는 상황을 누구보다 빨리 스스로 알게 되었고 특히 인공지능AI에 아이들은 마치 홀린 듯 블랙홀처럼 빨려 들어갔다.

세계적인 부호이자 미래를 예견하는 소프트뱅크 손정의 회장이 2019년 7월 대한민국을 방문하여 이렇게 말했다.

"미래의 세계를 선도하는 국가가 되려면 첫째도 인공지능AI, 둘째도 인공지능AI, 셋째도 인공지능AI에 앞선 국가가 되어야 한다."

"AI는 인류 역사상 최대 수준의 혁명을 초래할 것이다."

"인공지능AI은 지금까지 겪어보지도 못한 세상의 시스템 모든 것을 바꾸게 될 것이며 인간의 지능은 금붕어에 해당하는 지능이 되고 인공지능AI이 인간의 지능이 되어 세상을 통제 운영할지도 모른다."

당시 그가 얼마나 미래를 정확히 예견했는지 젊은이들은 모두 집중해야 한다.

유빈이, 휘성이는 이미 인공지능AI 세상에 뛰어들 준비가 착실히 되어 있었다. 중학교 2학년 때부터 영어에 뛰어난 아이들은 한국의 우수 기술을 영문으로 번역하여 세계에 홍보하는 사이트 Labs Science를 운영하면서 세계 과학자들과 소통하고 있었다.

우리나라는 세계에서 아주 빠른 나라이다. 다시 생각해 보자. 우리가 빠르다고 하는 것은 무엇인가? 우리가 빠르다고 생각하는 것은 기존의 교육체계에서 학습한 잘 먹고 잘사는 방법을 아이들이 태어나자마자 먼저 시키는 것이 아닌가?

물론 다소 극단적인 표현일 수 있지만, 아이들을 교육하면서 이웃집 아이들이 어린 나이부터 내신 공부를 철저히 준비해온 모습을 보면, 유빈이와 휘성이가 그런 학생들과 경쟁하는 것은 매우 어려운 일이라고 느껴졌다.

그러나 부모의 능력과 교육환경, 자녀의 인내력이 만들어낸 엘리트 교육은 인공지능AI 시대에는 빛을 발휘하기 힘들지 않을까 생각한다.

유빈이가 영재고와 과학고 대신 실업계 마이스터고를 선택했을 때 유빈의 총명함을 아는 모든 분이 잘못된 결정이라고 하였다. 나 또한 마음이 아팠지만, 유빈이를 믿었다. 어린 시절부터 해외 명문대의 논문을 찾아서 읽고 인공지능AI 교육을 온라인으로 스탠퍼드 대학교에서 받았기에, 우리나라의 정형화된 학습 과정을 따르는 것이 더는 의미가 없다고 생각하였다.

유빈이는 고등학교 3년 동안 마이스터고에서 믿을 수 없는 성과를 이루었다. 모바일로보틱스 기능반 생활로 기능올림픽에서 메달을 받은 선배들에게 현장의 기술을 직접 배웠고, 밤에는 해외 유명 대학 AI 사이버 강의를 들으며 자신만의 독보적인 로봇과 AI 재능을 갖추었다. 그 결과 19세의 나이에 마이스터고를 졸업하고 유니콘 AI 상장사 팀장이 되었다.

"2024년 12월 유빈이는 세계적인 로보틱스 학회에서 논문을 발표하기 위해 캐나다에 방문하였다."

유빈이와 휘성이는 사교육 한 번 없이 TOEIC 만점을 취득하고 상장사 AI 총괄 책임자와 연구원이 된 산골 축사에서 자란 두 형제이다. 이들은 해외 명문대 입학 대신에 고졸 취업을 선택하여 10대에 글로벌 유니콘을 목표로 달려가고 있다. 국내 AI 분야 선두주자인 상장사의 로봇과 AI 분야 총괄 책임자와 연구원이 된 것이다.

드라마에서나 볼 법한 이런 '출세 신화'가 선진국이 아닌 대한민국에서 실제로 일어났다. 올해 2024년 9월 16일 세계적인 로보틱스 학회의 AI 자율주행 논문에서 형인 박유빈 20세은 총괄 PM으로, 동생 박휘성19세은 연구원으로 논문에 참여하였고 세계적인 학술지

2024 캐나다 벤쿠버 논문 발표장
마음 AI 홍보 포스터 앞

에 우수 논문으로 선발되어 자율주행 AI 논문 발표를 위해 12월 9일 캐나다 벤쿠버에 방문하였다.

그들은 경영 승계를 받은 재벌 출신도, 유학파도, 국내 명문대에서 AI를 정식으로 배운 석·박사도 아니다. 10대 때부터 세계 AI 전공 대학생들을 모아 동아리를 운영하며 독학으로 실력을 키웠고, 18세에 세계 AI 대회를 실리콘밸리에 진출한 기업의 후원을 받아 개최하여 10대에 이미 그들은 세계 AI 리더가 되었다.

산골축사에서 자라 세계 최고의 AI 리더가 된 두 형제는 이렇게 말한다.

"이제 학벌과 나이에 구애되지 않는 AI 시대를 맞이하여 저희와 같이 경제적으로 어려운 환경의 학생과 학부모들도 저희를 보시고 희망을 가졌으면 좋겠습니다. 그리고 돈을 벌게 되면 인재 양성에 도움이 되고 싶습니다."

청소년 교육에 어려움을 겪는 학생과 학부모에게 두 형제의 미담이 작은 불씨가 되어 대한민국이 세계의 AI 강국이 될 희망을 품어본다. 이 작은 불씨가 결국 대한민국을 AI 강국으로 이끄는 큰 불꽃이 될 수 있기를. 이들의 도전과 열정이 우리 모두에게 영감을 주어, 각자의 분야에서 두려움 없이 도전하고 세상을 변화시킬 수 있는 힘을 가지게 되기를 진심으로 바란다.

Outstanding Paper Award.
NeurIPS Conference. Vancouver Canada, December 2024

♣

지혜로운 어머니 ⑤

워싱턴 / 링컨의 어머니

〔
워싱턴의 어머니,
**"큰 실패에도 낙담하지 않고,
큰 성공에도 겸손을 강조하다"**
〕

조지 워싱턴 (1732~1799년)

조지 워싱턴은 미국의 초대 대통령이자 국가 창립의 핵심 인물로 알려져 있습니다. 미국 독립 전쟁에서 대륙군 총사령관으로 활약하며, 영국의 군을 물리치고 미국의 독립을 이끌었습니다. 이후 1787년 헌법 제정 회의에서 의장을 맡았고, 1789년 미국의 첫 대통령으로 선출되었습니다. 대통령 재임 동안 그는 국가의 초석을 마련하고, 국가 통합과 안정적인 정부 수립을 위해 노력했습니다. 특히 두 번의 대통령 임기 동안 여러 중요한 제도를 확립하고, 권력의 평화로운 이양을 위한 전례를 남겼습니다. 그의 정치적 유산은 매우 크며, '국가의 아버지'라는 칭호를 얻을 정도로 미국 독립과 발전에 중요한 역할을 했습니다.

부모님

아버지 어거스턴 워싱턴은 당시 버지니아의 대지주였으며, 성공적인 농장 경영을 통해 당시 지역 사회에서 중요한 위치를 차지했습니다. 하지만 그의 생애는 짧았고, 1743년 워싱턴이 열한 살 되던 해 갑작스럽게 사망했습니다.

어머니 메리 워싱턴은 조지 워싱턴에게 가장 큰 영향을 미친 인물로, 독립적이고 강한 의지의 여성으로 유명했습니다. 그녀는 남편의 죽음 후 혼자서 여러 자녀를 키우며 가정을 꾸려나갔습니다. 메리는 단순히 가사를 돌보는 역할에 그치지 않았고, 조지에게 도덕적 가치와 자기 주도적인 사고를 가르치며 그가 장차 큰 지도자로 성장할 수 있도록 지원했습니다. 특히, 그녀는 아들에게 '자기 자산을 관리하고 책임지는 것'을 매우 중요하게 여겼습니다. 그 덕분에 워싱턴은 자립적이고 강한 지도자로 성장할 수 있었습니다.

중요시한 교육

문학은 사람의 인생에 깊은 흔적을 남긴다

조지 워싱턴의 어린 시절은 평범한 가정사가 아닌, 그를 단련시키는 작은 무대와도 같았습니다. 그의 아버지 어거스턴은 첫 번째 아내와의 사이에서 두 아들을 얻었고, 이후 두 번째 부인 메리와 재혼하여 4남 1녀를 두며 대가족을 꾸렸습니다. 이처럼 많은 가족 속에서 워싱턴은 스스로 돋보이는 사람이 되기 위해 열심히 노력하지 않으면 안 된다는 사실을 일찍이 깨달았습니다. 그러나 그의 진정한 성장은 어머니 메리의 손길에서 비롯되었습니다. 메리는 문학, 수사학, 언어학 등 다양한 분야의 책을 아들에게 사다 주며 독서를 장려했지만, 워싱턴이 처음부터 책에 흥미를 가진 것은 아니었습니다. 문학적 흥미를 끌어올리기 위해 메리는 영국에서 가정교사를 초빙해 문학뿐 아니라 지리와 라틴어를 가르치도록 했습니다.

열한 살의 나이에 아버지를 잃은 뒤, 어머니의 권유를 점차 수용하며 워싱턴은 차츰 책 읽기의 즐거움을 발견하기 시작했습니다. 그는 후일 "어머니는 내게 책을 읽으라고 억지로 강요하지 않으셨지만, 문학이 사람의 삶에 얼마나 큰 영향을 미칠 수 있는지 항상 말씀해 주셨다"라고 회상했습니다.

그의 어머니는 단지 책을 읽는 법을 가르친 것이 아니라, 책을 통해 삶의 방향과 사고의 틀을 제공했습니다. 그리고 그 교육은 워싱턴이 장차 미국 초대 대통령으로서 큰 결단과 통찰력을 발휘하는 데 밑거름이 되었을 것입니다. 문학이란 단순한 글자가 아니라, 인생의 나침반이 될 수 있음을 증명한 어머니의 가르침은 그의 삶에 깊이 새겨져 있었습니다.

큰 실패에도 낙담하지 않고, 큰 성공에도 자신을 높이지 않는 겸손을 강조하다

워싱턴의 어머니, 메리 볼 워싱턴
(출처: 위키백과)

1753년 프랑스군이 버지니아주를 침공했을 때, 조지 워싱턴은 민병대에 소집되어 중령으로 임명되었습니다. 22세에는 육군 장교로 진급하며 버지니아 군대를 이끌어 첫 전투를 치렀습니다. 이때 어머니 메리는 워싱턴이 패배해도 쉽게 낙담하지 않았고 승리를 해도 우쭐해하지 않았습니다. 워싱턴의 부대가 승리해서 친구들이 너나 할 것 없이 축하 인사를 건넸지만 메리는 딱 잘라 말했습니다.

"너무 추켜세우지 마. 우리 조지는 그저 평범한 사람이며, 단지 남보다 운이 조금 더 좋았을 뿐이라는 것을 잊지 않았으면 좋겠어." 그리고 아들에게도 한마디 남겼습니다.

"사랑하는 아들아, 어미는 그저 네가 앞으로도 훌륭한 일을 해주기만 바랄 뿐이다."

이 한마디에는 성공에도 흔들리지 않는 겸손과 자기 성찰의 가치를 새겨 넣은 어머니의 지혜가 담겨 있었습니다.

국민의 마음속에 영원히 남은 지도자가 되다

조지 워싱턴은 1789년, 57세의 나이에 미국 초대 대통령으로 선출되었습니다. 그의 재임 기간은 정치적 갈등이 극심했던 시대였으나, 그는 내각에 인재를 고루 등용하고 유혈사태를 방지하며 국민을 하나로 묶는 데 성공했습니다. 특히 납세 거부 운동인 위스키 반란을 단호하게 진압하며 지도자로서의 결단력을 보여주었습니다. 1799년, 67세로 세상을 떠난 워싱턴은 오늘날 '미국 건국의 아버지'로 불리며, 그의 이름은 평화와 정의, 겸손의 상징으로 기억되고 있습니다. 그의 삶은 단순한 승리의 역사가 아닌, 실패와 성공을 대하는 태도에서 진정한 위대함이 발현된 이야기로 우리에게 깊은 울림을 주고 있습니다.

워싱턴이 이러한 위대한 지도자로 성장할 수 있었던 바탕에는 그의 어머니 메리의 깊은 헌신과 교육이 있었습니다. 그녀는 워싱턴에게 인내와 겸손, 그리고 결단력을 가르치며 그를 진정한 리더로 길러냈습니다.

링컨의 어머니,
"이 엄마는 널 항상 믿는단다"

에이브러햄 링컨 (1809~1865년)

에이브러햄 링컨은 미국의 제16대 대통령으로, 미국 역사에서 가장 존경받는 인물 중 한 명입니다. 그는 미국의 남북전쟁 1861~1865 동안 국가를 통합하고, 노예제를 폐지한 중요한 업적을 남겼습니다. 또한, 게티즈버그 연설을 통해 인간의 평등과 민주주의 원칙을 강조했습니다. 링컨의 리더십과 비전은 연방을 유지하고 시민권 발전의 토대를 마련하는 데 큰 기여를 했습니다.

부모님

아버지 토머스 링컨은 켄터키주에서 태어난 농부이자 목수였습니다. 근면하고 소박한 사람이었지만 교육을 중요하게 여기지 않았으며, 아들 링컨의 학업을 적극적으로 지원하지 않았습니다. 어머니 낸시는 아들에게 성경을 읽는 법을 가르쳤고, 그가 배움에 흥미를 갖도록 격려했습니다. 그녀는 경건하고 따뜻한 성품으로 링컨에게 도덕적 기반을 심어주었습니다. 그러나 링컨이 9세가 되던 해 사망했습니다.

링컨의 아버지는 아내 낸시가 세상을 떠난 지 1년 후 새어머니 세라와 재혼했습니다. 세라는 링컨에게 학업의 중요성을 강조하고 책을 읽을 수 있도록 지원하며 그를 격려했습니다. 그녀는 링컨에게 '위대한 어머니'로 기억되었습니다.

중요시한 교육

친어머니 낸시, 선량한 기독교 신자로 교육을 중히 여기다

친어머니 낸시는 독실한 기독교 신자로, 그녀의 삶과 가르침은 어린 링컨의 인격과 가치관 형성에 깊이 자리 잡았습니다.

낸시는 단순히 신앙심 깊은 여성을 넘어, 개척자의 삶 속에서 가난과 역경 속에서도 자녀들의 교육을 중요하게 여겼습니다. 그녀의 신념은 아버지 토머스 링컨과 종종 충돌했는데, 그는 생계를 위해 아이들이 일하는 것이 더 중요하다고 믿었습니다. 그러나 낸시는 굽히지 않았습니다. 그녀는 "아이들이 교육받아야 가난에서 벗어날 수 있다"라며 링컨과 누나를 13km 떨어진 학교에 보내기로 결심했습니다. 매일 먼 거리를 오가야 했지만, 낸시는 아이들이 배움에 관해 이야기할 때마다 그들의 성장을 격려하고 자상한 관심을 쏟았습니다.

그러나 낸시의 헌신은 오래 이어지지 못했습니다. 개척지의 고

된 생활과 열악한 환경은 그녀를 풍토병으로 쓰러뜨렸고, 링컨이 아홉 살 때 그녀는 세상을 떠났습니다. 죽음을 앞둔 그녀는 어린 링컨을 불러 손에 든 낡은 성경책을 건네며 마지막 당부를 남겼습니다.

"사랑하는 아들아, 이 성경책은 우리 가문의 가장 소중한 가보이다. 백 에이커의 땅을 물려주는 것보다 더 큰 선물이라 생각한다. 성경을 읽고, 그 가르침대로 살아가라. 하나님과 이웃을 사랑하는 사람이 되어야 한다. 이것이 내가 너에게 남기는 마지막 부탁이다."

낸시의 성경책은 링컨이 평생 간직하며 읽었고, 그의 가치관과 정치적 비전을 형성하는 데 지대한 영향을 미쳤습니다. 링컨의 삶과 리더십에는 어머니 낸시가 심어준 도덕적 나침반과 배움의 가치가 고스란히 반영되어 있습니다.

링컨의 친어머니 낸시　　　새어머니 세라

새어머니 세라, 자녀에게 무한한 믿음을 주다

새어머니인 세라 역시 깊은 애정으로 언제나 링컨을 지지해 주었습니다. 그녀는 링컨을 포함한 아이들을 향한 깊은 애정과 믿음으로 가득 차 있었습니다.

세라는 재혼 후, 가장 먼저 아이들을 따뜻한 물로 씻겨 주고 깨끗한 잠자리를 마련하는 등의 세심한 배려로 아이들에게 안정감을 주었습니다. 이로 인해 아이들은 곧 그녀의 따뜻한 마음에 끌렸고, 링컨의 집안은 언제나 사랑과 행복으로 가득 찼습니다.

세라는 링컨이 공부할 수 있도록 집안일에 부담을 주지 않았고, 그가 사랑하는 책들을 구해 주며 학문에 몰두할 수 있는 환경을 마련해주었습니다. 이 배려 덕분에 링컨은 자신이 좋아하는 책을 읽고, 그 속에서 더 많은 것을 배우는 기회를 가졌습니다. 세라의 무한한 믿음과 사랑은 링컨의 성장에 중요한 밑거름이 되었으며, 그녀의 헌신적인 배려 덕분에 링컨은 자신감을 얻고, 더 큰 꿈을 꾸게 되었습니다.

미국 제16대 대통령이 되다

에이브러햄 링컨이 한창 대통령 선거 중이던 때, 유명한 일화가 있습니다. 어느 교만한 참의원이 "당신이 구두장이의 아들이란 사실을 잊은 건 아니겠지요?"라며 비웃었을 때, 링컨은 망설임 없이

답했습니다. "사실 아버지가 훌륭한 구두를 만드셨던 것만큼, 제가 대통령직을 잘 수행할 수 있을지 모르겠습니다."

그 순간 침묵이 흘렀고, 링컨은 계속 말을 이었습니다. "예전에 제 부친이 당신 가족들에게 구두를 만들어 주지 않았습니까? 혹시 그 구두가 망가졌다면 제가 대신 수선해 드리죠. 제가 아버지만큼 뛰어난 기술자는 아니지만, 어깨너머로 조금 배웠거든요." 이렇게 말을 마친 링컨은 뒤돌아서서 조용히 눈물을 흘렸다고 합니다.

이 말을 전해 들은 어머니 세라는 링컨을 위로하며 말했습니다. "애야, 난 다 보인단다. 넌 반드시 그들을 이길 수 있어. 너의 진실이 그들의 교만함을 이기는 힘이 될 거야. 이 엄마는 그렇게 믿는단다."

이후 대선에서 승리한 링컨은 어머니를 찾아뵙고 "이 모든 것은 다 천사와 같으신 어머니 덕분이에요"라고 말하며 자신이 이룬 모든 일의 영예를 어머니 세라에게 돌렸습니다.

어머니 낸시와 세라의 희생적 사랑과 깊은 믿음은 링컨을 미국 제16대 대통령으로 이끈 원동력이었음을 보여줍니다. 그들의 무한한 신뢰와 지지 덕분에 링컨은 인생의 가장 큰 도전을 이겨내고, 나라를 하나로 묶는 지도자로서 역사에 길이 남을 발자취를 남겼습니다. 링컨이 이룬 모든 위대한 업적은 두 어머니의 사랑과 헌신에서 비롯된, 세상에서 가장 강력한 힘을 증명하는 사례입니다.

PART VI

가족과 함께하는
꿈의 여정

혼자 꾸는 꿈보다
함께 꾸는 꿈이 즐겁다

- 꿈꾸는 소년 -

우리들은 너무 행복해서
몰랐어요

우리가 싫어하는 숙제

우리가 싫어하는 음식

우리가 싫어하는 옷

우리가 싫어했던 모든 것들이

얼마나 소중하고 행복한 것이란 걸 이전에는 몰랐어요.

아빠가 돌보는 지적 장애인들은

신문지와 몽당연필만 줘도 좋아하고

김치만 줘도 맛있다고 하고

구멍 나고 냄새나는 옷만 줘도 행복해해요.

천사 같은 장애인에게 귀하고 좋은 것을 주어야 한다고

아빠는 항상 말해요.

그들에겐 함께하는 가족도 없고,

정상인처럼 오래 살 수도 없고,

결혼도 하지 못하고

쓸쓸히 인생을 마감하는 친구들이 많기 때문에

제일로 귀하고 좋은 것만을 주어야 한대요.

그래서 아빠는

장애인들의 인권을 지키는 일을 해야 한다고 말했어요.

아빠는 장애인들에게

좋은 학용품과 맛있는 반찬과 깨끗한 옷들을 제공해 주기 위해

저희가 무관심했던 장애인들에 대한 교육을

매일 해주시고 함께 토론해요.

저희도 아빠와 같이 장애인들을 위한 인권을 찾아주고 싶어요.

2015. 05. 20.

봉사를 통한 미래의 인권 운동가, 유빈/휘성

아빠가 보살피는 장애인 시설 1일 선생님으로, 체험 삶의 현장

산골축사 마님,
강변 APT 주인 되다

✻

　온 세상을 얼음 왕국으로 만들어 삶의 의욕조차도 꺾어 버리는 산골축사의 겨울을 힘겹게 지나고 나면, 새롭게 피어나는 봄 햇살이 그토록 잔인했던 겨울의 상처를 기억하지 못하도록 따뜻하게 보듬어 주었다.

　하지만 그런 모진 겨울을 몇 번 지내고 나니, 아이들이 자연과 더불어 자라는 게 좋겠다는 나의 고집이 조금씩 흔들리기 시작했다. 그 무렵 아내도 조심스럽게 "아이들이 학교 입학하기 전에 우리도 학교 가까운 곳으로 가야 하지 않을까요?"라며 몇 번이나 흘러가듯 이야기했다.

　무거운 세금이 체납된 중고 승용차에 값싼 세녹스를 넣고 쿠르릉 쿠르릉거리며 서종에 있는 개울가로 아이들과 물놀이 가던 중, 강가 옆에 우뚝 솟아 있는 아름다운 자태의 아파트가 우리 부부의 눈을 스쳐 지나갔다. 물놀이가 끝나고 집으로 돌아오는 길에도 역시 그 아파트가 시선을 사로잡았다. 아내의 입에서 무심결에 "저 아파트 정말 멋지네. 저런 아파트에서 한번 살아봤으면 좋겠다"라는 말이 나지막하게 흘러나왔다.

아내가 살고 싶어 하는 꿈의 아파트가 현실로

그 말을 듣는 순간 얼굴이 화끈거리고 귀까지 빨개지기 시작했다. 갑자기 아내에게 너무 미안해졌다.

나, 꿈소는 어떤 사람인가? 팔당으로 오기 전, 대한민국 2,334개 동과 상가 300만 개 홈페이지를 만들어 사이버 대한민국을 구축하였고, 세계 1억 개 홈페이지를 공급하여 세계의 물류를 하나의 시스템으로 묶으려 했던 촉망받는 벤처 대표가 아니었던가? 그 어떤 역경에도 강철처럼 굳건했던 마음이 아내의 무심한 말 한마디에 속절없이 무너지는 것 같았다.

'하지만 이대로 주저앉을 수는 없지!' 남부왕 아버지 DNA를 가진 찐 부산 사나이의 카리스마가 작동하기 시작했다.

'좋아. 저 아파트 구경이나 한번 해보자. 일단 부딪쳐 보는 거지. 최소한 얼마를 준비해야 저 멋진 아파트에 살 수 있는지 정보라도 알아보자' 하는 마음으로 무작정 아파트 근처 중개 사무소를 찾아갔다.

아파트 도로변에 눈에 딱 띄는 간판이 걸린 부동산으로 들어가 호기롭게 물었다.

"저기 강 옆에 있는 멋진 APT 시세가 얼마나 되나요?"

당찬 말투에 중개사는 바로 거래가 성사될 듯한 느낌을 받았는가 보다. 반쯤 졸린 눈으로 소파에 비스듬히 기대어 앉아 있던 중개사가 벌떡 일어나 급친절 모드로 대답했다.

"정말 잘 찾아오셨습니다. 급매로 1억 7천5백만 원에 나온 아파트가 있는데 바로 보러 갑시다."

두 눈을 반짝거리며 내 팔을 잡고 이끌었다.

10분 만에 도착한 강변 아파트 현관문이 열리자, 고급스러운 실내 장식과 큰 창을 통해 내려다보이는 강의 모습에 우리 부부의 눈이 휘둥그레졌다. 집을 팔려는 주인은 친절하고 상냥하게 아파트를 소개하며 30여 분간 집을 급히 팔아야 하는 사정을 설명했다. 그동안 내 머리에서는 해결 방안을 찾기 위한 슈퍼컴퓨터가 쉼 없이 돌아가고 있었다.

"이렇게 만난 것도 인연이고, 주인께서 아파트를 매도하기 위해 새벽기도까지 하시고, 제 아내도 이 아파트에서 한번 살아보는 것이 소원이니, 서로 도와주면 해결될 수 있지 않을까요?"

내 말을 들은 주인은 얼마나 사정이 급했던지 지금 산다면 1억 6천5백만 원으로 천만 원 내려 주겠다고 하였다.

하지만 이미 짐작하겠지만 나는 가진 돈이 없었다. 그럼에도 불구하고 뭔가 해결이 될 것 같은 느낌이 점점 강해졌다. 우선 중개사에게 물었다.

"지금 이 아파트를 담보로 대출이 얼마나 가능한가요?"

"신용에 문제가 없는 사람이라면 1억 1천만 원 대출이 가능합니다."

나는 미소를 지으며 주인을 향해 말했다.

"그럼 한 가지 조건만 맞춰주시면 바로 계약하겠습니다. 아파트 계약을 하고 나서 저희가 여기에서 살 수 있는 형편이 안 됩니다.

몇 년만 살아 주시면 안 될까요?"

"아, 저희도 급매로 팔고 나면 당장 이사 갈 곳이 없어 고민하던 중이었습니다."

"마침 잘되었군요. 주인께서 전세로 7천만 원에 사는 것으로 하면, 오늘 당장 이 아파트를 제가 사겠습니다."

쇠뿔도 단김에 빼라고 하였던가? 그때 일을 돌이켜보면 지금 생각해도 너무 어이가 없지만 아무튼 이렇게 우리 가족에게 멋진 궁전 한 채가 생겼다.

정작 나는 사업으로 인해 신용 불량 상태인지라 아내의 신용으로 1억 1천만 원을 대출받았고, 아내의 소원을 이루고도 수중에 1천5백만 원이라는 돈이 덤으로 생겼다.

한창나이에 사업으로 주저앉아 가난해진 데다 허리까지 부실한 나는 아내에게 부산 사나이의 능력을 보여줄 기회가 없었다. 하지만 이번에는 제대로 가장으로서의 위용을 보여준 것 같아 내심 뿌듯했다.

이 계약으로 몇 년 뒤 유빈이가 초등학교 1학년이 될 때, 아내가 꿈꾸던 강변 옆 아파트로 이사하게 되었다. 아파트는 등기만 우리 것이었고, 전액 대출을 받아 매달 갚아야 할 이자와 생활비는 산골 축사와 비교할 수 없을 정도로 많이 지출되었다.

유빈이와 휘성이에게 영어를 가르치기 위해 아이들과 함께 수없이 반복했던 아내의 영어 실력도 상당한 수준으로 향상되었다. 초등학교에 특이한 두 아이가 입학하자 자녀를 둔 부모들 사이에서 유빈이와 휘성이가 영어 천재로 빠르게 소문이 났다. 아이들 덕분에 영어 과외를 받으려는 학생을 쉽게 구할 수 있었고, 다행히도 필요한 생활비가 해결되었다.

산골 축사에서는 악기 교육은 꿈도 꿀 수 없었기에 학교에서 무상으로 하는 음악 교육을 찾던 중 사물놀이 수업이 있다는 걸 알게 되었다. 지원자가 많으면 들어가기도 힘들 텐데, 사물놀이는 경쟁자도 없어 선생님에게 개인교습을 받듯이 지도를 받았다.

아이들이 신나게 사물놀이를 배우고 집에 와서 저녁 식사를 마친 후, 빈 그릇과 장난감 북으로 장단을 맞추는 모습이 너무 보기 좋았다.

"유빈아, 휘성아. 전 세계 사람들이 한류에 관심이 많은데 어른이 아닌 어린아이가 전통 악기를 연주하며 유창한 영어로 설명을 하면 어떻게 될까? 아마 어린이 스타가 될걸? 방송에도 나가고 외국에서 초대받을지도 몰라!"

유빈이와 휘성이는 해외, 특히 미국에 가보고 싶어 귀가 쫑긋해졌다.

"사물놀이의 각 사물은 저마다 다 특징이 있으니, 그 특징을 영어로 설명하며 연주하면 세계의 친구들이 모두 이해하게 될 거야! 관심도 많이 가지게 될 거고."

K-POP BTS를 능가하는 9세 사물놀이 영어 명연설

그때부터 우리 가족은 "K-POP BTS를 능가하는 9세 사물놀이 영어 명연설"을 준비하기 위해 한 달간 영어 콘티와 사물놀이 연주를 준비했다. 아이들을 가르치면서 느낀 것 중 하나는, 재미있는 과제를 함께 이루어가는 과정에서 아이들이 폭발적으로 성장한다는 것이다.

부모들이 아이를 이끌어 줄 때 "이것을 해 놓으면 너의 미래에 도움이 될 거야. 이게 다 네가 잘되라고 하는 거야. 그러니 열심히 해!"라고 하면, 아이들 대답은 언제나 명쾌하다. "싫어요. 됐거든요!"

자녀가 어릴수록 자신의 미래를 생각하기는 힘들다. 그래서 지금 배우는 것이 실제로 활용되고 그 결과로 칭찬과 격려가 바로 돌아오는 과제를 만들어 성취감을 느끼게 해주면 자녀 교육에 큰 도움이 될 것이라고 생각한다.

유빈이가 초등학교 2학년일 때 열심히 만든 사물놀이 영어 연설이 학교에서는 선생님에게 칭찬받고, 주변 지인들에게도 칭찬받으니, 자신이 고생한 것이 보람으로 돌아온다는 것을 알게 되었다.

칭찬은 고래도 춤을 추게 한다고 하지 않던가! 칭찬은 아이나 어른 할 것 없이, 힘들어 포기하고 싶을 때에도 그 힘든 과정을 이겨내며 포기하지 않게 해주는 종합 비타민이다.

유빈이가 사물놀이에서 얻은 성취감이 가야금으로 이어지고, 바이올린과 플루트로 이어져 지치지 않고 악기를 배워 나갈 수 있는 힘이 되었다. 자신이 배운 악기는 주변 친인척이 있는 곳에서 연주하거나 발표회에서 연주할 수 있는 기회를 만들어 노력한 보람을 칭찬과 보상으로 받을 수 있도록 했다.

그러한 노력들이 층층이 쌓여 초등학교 3학년 때는 학생 문화 외교관으로 선발되어 미국에 갈 수 있게 되었고, 어린 나이였지만 자신의 역할을 잘 수행해 낼 수 있었다.

하늘은 모두에게 똑같은 시간을 주지만, 그 시간을 활용하는 지혜에 따라 결과는 천차만별이다.

"꿈속에서처럼 자신감 넘치게 부딪쳐 보았다.
꿈이 기적처럼 이루어졌다."

- 꿈소 -

재벌이 직접
투자하고 싶다고?

1997년, 우리나라에 IMF라는 초유의 국가 부도 사태가 들이 닥쳤다. 크고 작은 기업들이 부도로 문을 닫게 되면서, 누구도 예상치 못한 경제적 어려움이 찾아왔다. 가정을 책임지던 가장들이 전혀 대비하지 못한 채 갑자기 일자리를 잃으며 행복했던 가정들이 하루아침에 붕괴되는 위기에 처했다.

나는 그런 암흑의 시기였던 1997년에 높은 경쟁률을 뚫고 당당히 현대그룹에 입사했다. 그뿐만 아니라, 현대그룹 신입사원 대표가 되어 교육생들을 잘 이끈 공로로 그룹 최우수 신입사원으로 선발되었고, 최우수 사원에게 주어지는 부상으로 해외를 견학하며 현대그룹의 미래 지도자가 되기 위한 교육을 받는 기회를 얻기도 했다.

이런 행운이 찾아온 가장 큰 이유는, 뜻을 같이하는 청년들을 모아 소년·소녀 가장과 장애를 겪는 어려운 이웃들의 집을 고쳐 주는 봉사단을 만들어 활동하면서 봉사단의 선행이 세상에 알려져 현대그룹 면접에서 높은 가산점을 받았기 때문이라고 생각한다. 이 경험을 통해 타인을 위한 진정한 봉사는 반드시 더 좋은 보상으로 되돌아온다는 소중한 교훈도 얻었다.

당시 주변 사람들은 현대그룹 연구소에 다니는 나를 부러워했다. "이런 IMF 시국에 좋은 직장을 다녀서 참 좋겠다"라는 인사도 수없이 들었다.

하지만 1998년 어느 날, 입사한 지 1년을 조금 넘긴 후 남들이 그렇게 가고 싶어 하고 부러워하던 꿈의 직장에 나는 망설임 없이 과감하게 사표를 던졌다.

회사를 그만두겠다는 나의 말에 주변 가족과 지인들은 "그 좋은 직장을 하필 이런 IMF 시국에 그만두는 바보가 어디 있느냐"라며 아우성이었다. 마치 벌집을 쑤셔 놓은 듯 반대가 들끓었지만 나는 꿈쩍도 하지 않았다.

이전에 고등학교 자퇴를 강행한 경험이 있어서 부모님을 비롯한 형제자매와 지인들은 내가 한 번 마음먹은 일은 결코 막을 수 없다는 것을 잘 알고 있었다. 부모님은 "좋은 직장을 가지고 있을 때 최소한 결혼만이라도 하고 가정을 꾸린 이후에 퇴사하라"고 끝까지 만류하셨다. 하지만 나는 차마 그럴 수가 없었다. 그때가 결혼 적령기였고 사귀는 사람도 없긴 했지만, 혹시 있다 하더라도 그것은 무엇보다도 상대 배우자에 대한 기만이라고 생각했기 때문이었다.

안정된 직장에서 결혼했더라면 유빈이와 휘성이라는 캐릭터는 만들어지지 않았을 것이다. 비록 부모님의 마음을 아프게 했지만, 아픔조차도 시간이 지나면 더 큰 선물이 될 수 있다고 생각한다.

내가 현대그룹 연구원이라는 꿈의 직장을 포기한 이유는 단 하나였다. 당시 그룹 전체가 말단 직원부터 최고 임원, 회장까지 인터넷으로 모든 시스템이 연결되어 있었는데, 향후 다가올 인터넷이 만들어낼 무서운 시장을 보았기 때문이다.

그렇다. 21세기는 전 세계가 인터넷으로 연결되어 하나가 되고, 세상을 먼저 연결하는 나라가, 아니 개인이 이 세계를 주도할 것이라는 놀라운 사실을 깨달았던 것이다. 이 사실을 깨달은 순간 온몸에 전율이 느껴지면서 도전의식이 꿈틀거렸고, 세계시장에 도전하고 싶은 욕망이 솟구치기 시작했다.

연구소 소장님과 선배 연구원들의 만류를 물리치고 퇴직금 300만 원을 손에 쥐고 퇴사하였다. 오래전 고등학교 자퇴로 정문을 떠날 때의 막막함과는 달리, 이번에는 미래에 대한 확실한 믿음을 가슴 한가득 품고 연구소의 정문을 당당하게 걸어 나왔다.

회사를 설립하기에는 턱없이 부족한 돈이었기에 경비를 줄이기 위해 우선 모교를 찾아가 교수님의 도움으로 가장 뛰어난 후배들을 모아 학교 실험실에서 창업했다.

회사 이름은 '오케이타운OKTOWN'으로 지었다. 오케이타운은 도시 안에서 일어나는 모든 일을 인터넷으로 가능하게 하는 플랫폼 회사였다.

먼저 대한민국의 243개 시군구의 2,334개 동에 있는 300만 개의 상가 홈페이지를 만들고, 소비자들이 자신이 살고 있는 동의 인터넷 상가 홈페이지에 접속하여 소비하게 만드는 것이 목표였다.

당시 내가 가장 많이 들었던 말은 "제정신이냐? 그냥 홈페이지나 만들어서 하나라도 잘하지, 무슨 대한민국 상가 전체 홈페이지를 다 만든다고 하는 거야? 그건 미친 짓이야. 불가능하다고!"였다.

하지만 3년 뒤, ㈜오케이타운은 결국 대한민국 2,334개 동의 300만 개 상가 홈페이지를 완성하였다. 한 사람의 무모한 도전이 세상을 바꾸는 기적과도 같은 일이 일어난 것이다.

지금으로부터 25년 전이었던 2000년, 인터넷이라는 단어조차도 생소했던 그 시절에 나는 누구든지 자신이 살고 있는 '동'의 상가 홈페이지에 접속하여 다이얼 패드 무료전화기로 주문을 할 수 있도록 만들었다.

지자체 구청을 일일이 찾아다니며 사이버 구청을 만들고 홍보하는 동안 언론에도 알려지고, 투자자들이 서로 투자하겠다고 연락을 해왔다. 그러던 중 통신 재벌과의 만남이 성사되었다.

당시 통신업계의 대기업이었던 한국정보통신KICC 박헌서 회장 측에서 서울 여의도 본사에서 만나자고 연락이 온 것이었다. 나는 그날 오랜 숙원이었던 세계 진출의 꿈을 이룰 수 있을 것 같아 너무 흥분되어 밤새 잠을 이루지 못했다.

박헌서 회장님은 코넬대학교에서 정보통신공학 박사 학위를 받았고, 대한민국 초기 정보통신의 선두를 이끄신 대단한 어른이었다.

여의도 KICC 본사 사옥 회장실에 시간 맞춰 도착하니 비서실장이 회의실로 안내해 주었다. 회장님과 그룹 관계자들이 회의실로 모두 들어오자, 나는 떨리는 심장을 누르며 열정적으로 오케이타운의 현재와 미래에 대해 혼신의 힘을 다해 설명했다.

한국 정보통신의 전화번호부와 이지카드 시스템을 오케이타운 자동화 홈페이지에 탑재하여 1억 개 상가 홈페이지를 전 세계에 보급하겠다는 포부도 발표하였다. 그리고 지난 3년간 모두가 미쳤다고 했지만, 결국 대한민국 300만 개 상가 홈페이지를 만들어냈고, 구동되는 것도 그 자리에서 직접 시연하며 확인시켜 드렸다.

발표가 끝나자 회장님은 일어나 큰 박수와 함께 내게 다가와서 정말 수고했다고, 자신의 젊은 시절 오일머니를 한국 통신사업으로 유치할 때가 생각난다고 격려해 주시며 함께 세계로 가보자고 하셨다.

대한민국을 이끄는 큰 어르신이 오케이타운의 비전을 인정해 주는 것에 내 마음이 그만 울컥하였다. 지난 3년간 수많은 비난을 받으며 제대로 먹지도 자지도 못하고 밤낮으로 피땀 흘리며 개발한 보람을 이 한순간에 다 보상받는 것 같았다.

박헌서 회장님과의 감격적인 만남을 가슴에 품고, 3개월에 걸쳐 그동안 오케이타운이 이룩한 모든 기술 자료를 KICC와 공유하며 회장님의 투자만을 하루하루 손꼽아 기다렸다.

그 사이 유빈이와 휘성이가 성장하여 어느덧 내가 한창 꿈꾸던 나이만큼 자랐다.

유빈 : 아빠, 100만 원만 지원해 줄 수 있어?

꿈소 : 어디에 사용하려고 그래?

유빈 : 이번에 전 세계를 대상으로 하는 AI 대회를 개최하려고 하는데 상금으로 나눠 주려고….

경제적인 여유가 없기도 했지만, 유빈이의 큰 꿈을 키워주려면 100만 원으로는 어림도 없었다.

꿈소 : 유빈아, 지금 전 세계의 미래가 AI에 달려있어. 세계 최고의 기업들은 인재를 확보해야 하니까 네가 기획한 세계 AI 대회는 실리콘밸리 스타트업에서 아주 흥미를 느낄 것 같아. 유빈이가 세계 AI 대회 개최에 대한 글을 영어로 작성해서 실리콘밸리에 있는 각 회사 대표에게 보내보면 어떨까? 그래도 연락이 없으면 아빠가 100만 원 마련해 줄게.
유빈 : 그게 가능할까? 알았어. 그럼, 실리콘밸리 AI 회사 대상으로 이메일 보내볼게….

일주일이 지난 뒤 유빈이가 흥분된 목소리로 기쁜 소식을 전해 왔다.

유빈 : 아빠, 실리콘밸리에 진출한 기업 CEO가 직접 나에게 전화했어. 나에게 지원해 주기로 약속도 했고. 얼마 지원해 주는 줄 알아?

꿈소 : 그래? 정말 잘 됐구나! 얼마나 지원해 주는지 정말 궁금한데?

유빈 : 현금과 물품으로 약 1억 원 상당의 지원을 받기로 했어. 이제부터는 세계 대학생 중에 우수한 사람을 선정하고 운영위원을 뽑아서 대회 준비만 잘하면 돼.

꿈소: 우~와, 정말 대단하다. 그런데 유빈아, AI 대회는 공정하고 투명하게 진행하도록 신경 써야 해. 그래서 세계의 학생들이 대한민국 청년들의 리더십에 감사하는 계기가 되기를 응원할게.

　

유빈이는 한 달간 세계 각국의 우수한 AI 실력자들을 모아 추진위원회를 만들고 밤낮으로 행사를 준비하여 성공적으로 행사를 마무리하였다. AI 대회 1등은 인도의 대학생이 차지했다. 1등 상금을 인도의 어려운 사람들에게 기부하겠다는 수상자의 뜻에 감동하여 유빈이와 집행부도 함께 돈을 모아 인도에 기부했다.

세계 AI 대회 개최를 계기로 유빈이는 18살 어린 나이에 세계 청년지도자들과 함께 어깨를 나란히 하게 되었다. 예전에 내가 경험한 삶의 발자취가 유빈이를 세계라는 거대한 세상으로 연결했다. 나는 어렵게 세계를 연결했는데, 영어에 능통한 유빈이는 너무나도 쉽게 세계를 연결한 것 같아 뿌듯했다.

　

이제 한국이라는 작은 울타리에 우리 자녀들을 가둘 때가 아니다. 한국의 우수한 DNA는 세계 문화와 기술을 선도할 수 있음을 우리 주변에서 쉽게 확인할 수 있다.

작은 도화지에 그려진 꿈들이 세계로 이어지기까지 담지 못한 수많은 어려움과 아름다운 이야깃거리가 있다. 하지만 미래를 꿈꾸는 아이들을 위해 하나씩 정리하여 앞으로 여러분과 공유할 수 있도록 하겠다.

재벌 회장님이 나에게 투자했는지 궁금해하는 분들이 많으리라 생각한다. 짧게 말하자면, 당시 나는 사회 경험이 부족하여 약육강식의 정글과도 같은 냉혹한 사업의 생태를 잘 몰랐고, 사람을 너무 잘 믿었던 것 같다. 재벌이나 그룹 회장은 아무나 되는 것이 아니다.

사업 초보였던 나는 아무런 대책 없이 계약서 한 장 없이 모든 사업 계획서를 넘기고, 멋진 영화처럼 세계를 연결하여 대한민국을 세계 최고로 만들 날만을 가슴 졸이며 기다리고 또 기다렸다. 하지만 그것은 치명적인 실수였다.

3개월이 지난 뒤, 나는 크고 멋진 회장실에서 회장님과 독대했다. 나는 전 세계를 석권하고 싶은 열정으로 불타 회장님과 하나가 되기 위해 내가 가진 모든 주식을 회장님에게 주겠다고까지 했다. 회장님의 얼굴은 빨갛게 흥분되어 그 자리에서 우황청심환을 드시더니, 쿠바산 시가를 불도 붙이지 않고 계속 빨아대셨다.

"왜 주식을 모두 나에게 주느냐? 받을 수 없다"라고 하시기에 나는 "가장 큰 이유는 오늘 회장님이 오케이타운에 투자하시면 1억 개의 홈페이지를 만들어 전 세계를 하나로 연결할 수 있고, 그렇게 되면 세계 인터넷의 주도권을 한국이 잡을 수 있으며, 대한민국은 장차 세계 인터넷 강국이 될 수 있기 때문입니다"라고 말했다.

"오케이타운이 성공하게 되면 제가 드린 주식의 50%만 저에게 돌려주시면, 제가 받은 주식으로 어려운 사람들을 돕는 재단을 만들고 싶습니다. 재단 이사장님은 회장님이 먼저 하시고, 차후에 저에게 물려주십시오."

박 회장님은 자신은 오케이타운에 투자하고 싶지만, 계열사 사장단이 반대한다고 하셨다. 그러고는 인간적으로 미안했던지 나를 개인적으로 도와주겠다고 했다.

내가 추구했던 것은 개인적인 안락이 아니었다. 가슴 벅찬 꿈이 있어 세상을 향한 도전장을 냈고, 나를 믿고 따르는 수십 명의 직원이 있었으며, 무엇보다도 내 마음 깊은 곳에 있는 봉사하고 나누는 삶을 평생 사명처럼 받들고 싶었다.

그 자리에서 박헌서 회장님의 개인적인 도움을 단호하게 거절했다. 회의를 마치고 회장실을 나오는 순간 맥이 탁 풀렸다. 지금

이 상황이 너무도 안타까워 나도 모르게 내 가슴속 뜨거운 눈물이 자꾸만 고여 흘러내렸다.

그들은 이후에 계열사에 증자하고, 오케이타운 아이템을 이용하여 또 다른 동네 정보망을 만들었다.

그때는 회장님이 왜 그런 결정을 내렸는지 이해할 수 없었지만, 그 이후 수많은 사업을 통해 냉혹한 사업 세계에서 천사를 만나길 바란다는 것이 얼마나 어려운지 뼈저리게 알게 되었다.

하지만 젊은 시절의 내 도전은 헛되지 않았고, 비록 아쉬움은 많았지만, 내 도전적인 DNA는 유빈이와 휘성이에게 성공적으로 이어졌다.

지금까지는 한 고비 한 고비 잘 이겨내며 성장하고 있는 것 같다. 혹여 어려움이 있다 하더라도, 지금까지 겪어온 어려움이 아이들을 쓰러지지 않게 하는 버팀목이 되어주리라 확신한다.

아이들이 글로벌 자율주행 AI 분야에서 세계 최고가 되어가는 것을 지켜보며 나도 다시 한번 세계의 물 문제와 자원 문제 해결을 위한 사업을 준비하게 되었다.

젊은 날 돈 많은 재벌을 찾아 문제를 해결하려고 했던 나는 이제 뜻을 함께하는 사람들의 재능 기부를 받아 세상의 문제 해결을 위해 계속해서 아름다운 도전을 하려고 한다.

한국경제 구독

한국정보통신, TMCS와 제휴 도시생활정보 제공 포털사 이트 열어

입력 2000.04.12. 오후 3:32

😀 공감   💬 댓글   🤖 🔊 ㄲ가 ⤴ 🖨

한국정보통신은 미국 최대의 인터넷 생활정보회사인 TMCS와 전략적 제휴를 맺고 도시 생활정 보를 제공하는 포털사이트 "엔메트로(www.nmetro.com)"를 연다고12일 밝혔다.

엔메트로는 이 회사가 개발한 신용카드조회기 "이지체크"의 60만 가맹점을 종류별 지역별로 분 류해 각종 정보를 제공할 예정이다.

우선 서울.경기지역 14만개의 가맹점 리스팅 정보와 영화 음악 쇼핑 여행 등 실생활 정보를 제공 한다.

엔메트로는 디지털지도 제작업체인 프리맵과 제휴해 방문자가 전국의 모든 가맹점을 쉽게 찾을 수 있게 했다.

또 출발지와 도착지의 최단거리를 알려주는 교통안내 기능도 있다.

엔메트로는 인터넷 단말기 "웹포스"를 전국 가맹점을 대상으로 보급할 예정이다.

웹포스는 고속통신망을 이용해 신용카드 승인 조회는 물론 전화,인터넷 접속까지 지원해줘 이제 일반 상점에서도 인터넷을 통한 주문이나 예약이 가능해질 전망이다.

조재길 기자 musoyu9@ ked.co.kr

04
70이 된 아버지의
입학식

남부왕 할아버지 생애 처음으로 설렘 속의 입학식

내 어린 시절 기억 속에 우리 아버지는

매일같이 캄캄한 새벽에 나가 캄캄한 밤에 오셨다.

우리들 안고 놀아주는 것은 기억이 아물아물
아버지 얼굴이 변해 가는 것도 몰랐다.

아버지는 엄마 없이 어린 시절 서러운 눈칫밥 먹으며
사람끼리 정을 나누는 것도 모르고
살아남기 위한 본능만 성장했다.

자식들의 재롱도 모른 채
입학식 졸업식이 언제인지도 모른 채
70의 늙은 고목이 되었다.

7살 손주의 시골 초등학교 입학식 날
70의 아버지는 색동한복 곱게 차려입고
다정하게 어린 손주의 손을 잡고
손주와 나란히 교실에 앉았다.

70이 된 늙은 아버지가 7살 손주보다 더 설레던 날
그날부터 임종 때까지 할아버지는 아버지가 되었다.

- 꿈소 -

05

인간에게만 허락한
숭고한 희생

판교 AI 센터에서 정신없이 신규 프로젝트를 진행하느라 팀장으로서 해야 할 일이 너무 많은 유빈이는, 통통하던 살이 그새 다 어디로 갔는지 삐쩍 마른 몸에 눈빛만 별처럼 빛이 난다.

가족 모임이 있어 유빈이와 휘성이가 바쁜 시간을 쪼개어 참석하였다. 어린 시절부터 명절이나 가족 행사가 있을 때마다 매번 노래와 춤, 음악 공연 등을 준비하여 공연을 하였고, 할아버지와 할머니의 사랑을 독차지하곤 했다.

할머니는 가족들의 건강과 행복을 위해 50년이 넘는 세월 동안 거의 하루도 빠짐없이 가족 모두를 위한 기도를 지극정성으로 드리시는 종교심이 대단한 분이다. 유빈이와 휘성이가 태어난 후부터는 손주들을 위한 기도를 특히 많이 하셨고, 아이들이 잘 자라기를 바라셨다.

할아버지가 돌아가시고 홀로 남은 할머니는 특히 가족들의 건강에 신경을 많이 쓰셨고, 키가 180cm나 되는 유빈이와 휘성이를 머리부터 발끝까지 몇 번이고 꼼꼼히 훑어보셨다.

어린 나이에 신규 프로젝트를 진행하며 가족 누구의 도움도 받을 수 없는 상황에서 모든 일을 혼자 힘으로 해결하다 보니 자신의 몸관리가 소홀해졌고, 지금은 큰 키에 비해 너무 마른 몸이 누구나 보더라도 건강이 염려될 수밖에 없었다.

눈에 넣어도 아프지 않을 것 같은 손주를 걱정스럽게 바라보며 "유빈아, 연구고 공부고 아무리 잘해도 건강을 잃어버리면 아무 소용이 없데이. 아무리 일이 급해도 잘 챙겨 먹고 운동도 열심히 해야 한다. 알겠제"라고 말하시며, 그동안 푼푼이 모은 돈을 아내에게 살며시 쥐어주며 "아가, 이거 얼마 안 되지만 유빈이, 휘성이 보약 지어주고 이 돈 다른 곳에 쓰면 안 된다"라고 당부하셨다.

꿈소와 자녀들이 지금 이 자리에서 많은 분들과 나눔을 가질 수 있었던 최고의 숨은 공로자는 누가 뭐라고 해도 백운선 할머니일 것이다.

부산에서 양수리까지 휘성이 입학식 참가

그녀는 합천 산골 정골에서 어린 시절 세상일이라곤 아무것도 모른 채 넉넉하지는 않았지만, 순박한 가정에서 평온하게 자랐다.

어느 날, "운선아, 너 합천 초계에서 신랑이 올 거다. 이제 결혼해야 하니 그리 알고 마음의 준비를 하고 있어라. 알겠제?" 당시 꽃다운 청춘이었던 열여덟 살 운선은 어떤 말을 해야 할지, 아니 사실은 어떤 말도 할 수 없어 단 한 번 신랑 얼굴도 보지 못한 채 결혼해야만 했다.

그 당시에는 내가 알아서 결혼한다고 할 수도, 얼굴 한 번 본 적도 없는 사람을 신랑으로 맞이한다고 해서 부모님께 반대할 줄도 몰랐던 순진한 운선은 마음 깊숙한 곳이 두려움으로 가득 찼지만, 한편으로는 신랑이 어떤 분일까 하는 설렘도 있었을 것이다.

한 달 후 결혼식을 위해 합천 정골로 찾아온 신랑을 처음 본 순간, 할머님께서 표현하시길 "몸이 삐쩍 말라 힘도 못 쓸 것 같았고, 얼굴은 꼭 주먹만 한 것이 어찌나 못생겼던지 실망스러웠지. 내가 저런 사람에게 시집가야 한다는 것을 도저히 받아들일 수가 없었어. 하지만 그때는 너무도 순진해서 아무 말 하지 못했다. 신랑이 너무 싫었다"라고 말씀하셨다.

유빈이 할머니 시대 여성들 대부분이 한이 많았던 이유는 자신의 의사와 상관없이 대부분 자신의 모든 인생이 결정되었고, 자신의 주장을 하지 않고 가족들을 위해 희생해야 했기 때문이라 생각한다. 옛사람들이 현대 여성들을 보며 이해하지 못하는 이유는 가족을 위해 평생 희생만 해오시던 분들이 자신만을 생각하는 현시대의 여성들을 보기 때문일 것이다. 지금은 시대 상황이 너무 바뀌었기에 서로가 다름을 이해하는 시간이 필요할 것 같다.

꽃보다 더 아름답게 피어나던 낭랑 18세의 곱디고운 운선은 못생긴 마당쇠의 부인이 되어 삐쩍 마른 남편을 지극정성으로 돌보아 마을에서 체구가 건장하고 힘깨나 쓰는 장정으로 되기까지 최선을 다해 내조하였다.

'남부왕'이란 별칭으로도 불렸던 나의 아버지는 부모에게 사랑을 받지 못했고, 살아남기 위한 눈치만 있었기 때문에 아내를 즐겁고 행복하게 해주는 것 자체를 몰랐고 자녀들이 태어나도 아버지로서의 사랑을 표현할 줄 몰랐다. 그래서 운선은 결혼 후에 자녀가 태어나자 순진한 소녀에서 강인한 어머니로 변할 수밖에 없었다.

남부왕은 힘이 세고 부지런하여 합천에서 논밭도 많이 사들여 당시 먹고 사는 것조차 힘들었던 시대에 가족들이 배불리 먹게 하는 것까지는 성공적으로 이루셨다. 하지만 운선은 자식들만은 자신처럼 배움이 없어 농사만 짓게 하지 않기 위해 자녀 교육을 위해 도시로 이사해야겠다고 결심하였다.

남부왕과 주위의 수많은 반대를 모두 물리치고 내가 세 살이 되던 해에 부산 대연동으로 마침내 이사를 왔다. 운선은 더 이상 순진한 18살 소녀가 아니었기에 5명의 자녀를 교육하기 위해 이사를 하지 않아도 되는 보금자리를 마련한 곳이 대연6동 산 아래 달동네의 허름한 10가구 슬레이트 집이었다.

10가구 중 두 칸의 방을 사용하고 나머지는 세를 놓았고 우리 가족보다 더 불쌍한 사람들이 연탄 부엌이 있는 5평 남짓 한 칸의 방에 5명 이상 모여 살았다.

운선은 학교를 가지 않았지만 지혜롭고 총명하며 이제는 대담하기까지 했다.

내가 생각해 보건대, 운선은 정직하고 다른 사람에게 후대하는 것을 잘했으며, 주위 사람들에게 참 좋은 사람이라는 말을 많이 들어 삶에 대한 자신감이 넘쳤던 것 같다.

운선은 달동네 아줌마들을 모아 페인트칠 전문팀을 꾸렸다. 그 때는 박정희 대통령의 경제개발 5개년계획으로 하루가 다르게 발전하던 시기라 건설 경기가 호황이어서 페인트칠 일은 하루도 쉬지 않고 넘쳐났다.

학교에 입학도 하지 않은 늦둥이 내가 페인트칠하는 작업장에 따라가겠다고 떼를 쓰며 따라오는 것을 버스 안내양에게 부탁하여 타지 못하게 떼어 놓았더니 죽는다고 땅바닥에 나뒹구는 나를 뒤로한 채 일하러 갈 때, 어머니의 마음은 천 갈래 만 갈래 찢어졌지만 삶을 이어가기 위해 악착같이 벌어 우리를 뒷바라지하였다.

새벽에 눈을 떠서 5명의 자녀와 2명의 조카의 아침 준비와 도시락을 싸고, 페인트 일을 하고 지친 몸으로 저녁에 돌아와 저녁을 준비하고 밀린 집안일과 빨래를 하고, 새벽에 잠시 눈을 붙이고 일어나 다시 일을 했다.

이때를 운선이 회고하기를 눈만 뜨면 해야 할 일이 산더미처럼 있었고, 어떻게 지치지 않고 그 많은 일을 다 했는지 자신도 모르겠다고 하시며, 덧붙여 90이 다 되어가는 나이에 되돌아보면 그때가 운선의 인생에서 가장 힘들면서도 제일 보람된 삶의 시간이었다고 하셨다.

운선은 지구별에 어떤 사명을 타고 이 땅에 왔는지 알 수 없지만, 한 명의 숭고한 희생 아래 수많은 꽃들이 피어난 것은 당연하지 않을까? 그때 주변에 함께한 이웃들의 자녀들은 정상적인 삶의 범주에서 벗어난 삶을 사는 경우가 많았지만, 운선의 자녀를 비롯 조카들은 술을 마시거나 방탕한 삶을 사는 자녀가 한 명도 없었는데, 이는 운선의 조건 없는 사랑 때문일 것이다.

그중에 가장 큰 수혜를 입은 것은 자녀가 아니라 아버지였고, 아버지는 환갑이 넘어서부터 어머니의 종교 생활이 자신과 자녀들을 버리지 않고 가정을 위한 숭고한 희생의 삶이었다는 것을 알게 되어 한 번씩 어머니와 함께 종교 모임에도 참석하기 시작하셨다.

70이 넘어서 휘성이 입학식 날을 기점으로 변하기 시작하신 아버지는 가족의 소중함을 깨닫고 가족을 지키기 위해 자신의 아내가 그동안 수고한 것에 진정으로 감사함을 나타내기 시작했다.

운선은 어려서부터 순수하고 총명했으며 다른 사람의 어려움이 먼저 보여 자신이 할 수 있는 한 도왔다. 자신이 하고 싶지 않은 운명조차도 신이 정해주신 길이라 생각하고 참고 인내하며 헌신하였다.

운선은 90년의 마지막 삶을 살며 자손들에게 이렇게 유언한다.

"내가 배우지 못해 너희들을 이렇게 고생시켜 참 미안하다. 하지만 삶에 정의롭고 부끄럽지 않은 삶을 살기 위해 누구보다 열심히 살았기에 하늘에 부끄러움이 없다. 혹여 나에게 받은 은혜가 있다면 나에게 돌려준다고 생각하고 나보다 어려운 이웃들에게 봉사하라."

유빈이와 휘성이뿐만 아니라 우리 가족 모두가 백운선 할머니에게 큰 은혜를 입었기에 우리 가족이 세상에 봉사하는 것은 백운선 할머니의 은혜에 보답하는 일이다.

아름다운 나눔

사시사철 아름다운 산골에서
세상은 아름다운 곳이라 생각했다.

순수하고 아름다운 마음을 가지고 소녀도
여느 소녀와 마찬가지로 백마 탄 왕자를 생각하기도 했다.

18살이 되던 어느 날 다음 달 결혼한다는 말에
소녀는 두려움과 무서움이 있었지만
한편으로 백마 탄 왕자님에 설렘도 있었다.

결혼식 날
한 번도 본 적이 없는 주먹만 한 얼굴의
빼빼 말라깽이 남편이 어찌나 실망이 되던지
그렇게 결혼이라는 걸 하게 되었다.

가녀린 소녀는
아이가 5명이 되어 엄마가 되었다.

세상에서 내가 아니면 나의 자녀를 지킬 사람은 없다.

살아서 숨 쉬는 동안 아이들을 포기하지 않고 잘 돌볼 수
있도록
천지신명에게 수도 없이 빌었다.

90년의 인생이 억겁의 시간이 보낸 듯
이제 더 이상 자녀들에 대한 기도를 하지 않는다.

자녀들이 잘되기만 기도한 나를 돌아보며
그동안 신이 지켜준 은혜에 감사드리며
자손들이 이웃에게 봉사하기를 마지막으로 기도한다.

06

꿈소 가족의 꿈
- 작은 장학회의 시작

우리나라에는 여전히 힘든 환경 속에서도 꺾이지 않는 의지로 더 나은 내일을 꿈꾸는 수많은 소년소녀들이 있다. 국가는 이들의 어려움을 덜어주기 위해 다양한 노력을 기울이고 있지만, 꿈소 가족은 이 여정에 작은 희망의 씨앗을 함께 심고 싶었다.

이 책이 세상에 나와 많은 사랑을 받아 1만 부 이상 팔리는 날, 그 모든 수익금을 모아 '꿈소 장학회'를 설립하려 한다. 유빈이와 같은 사연을 가진 청소년들에게 작은 응원의 손길을 내밀어, 그들의 꿈을 키우는 발판이 되고자 한다.

지금에서야 고백하지만, 유빈이가 경기 영재고 최종 관문에서 안타깝게 떨어진 뒤, 경기 북과학고가 아닌 서울 로봇고를 선택한 가장 큰 이유는 다름 아닌 경제적인 부담 때문이었다.

영재고와 과학고는 나라에서 많은 지원을 해주어 인재를 키운다고 아는 분들이 많은데 사실은 그렇지 않다. 물론 인재를 양성하기 위해 학생 1인당 투자되는 금액은 높지만, 부모가 부담해야하는 자비 부담 역시 꽤 높다.

유빈이 동생 휘성이가 경기 북과학고에 입학했을 때도 마찬가지였다. 휘성은 R&E와 탐구 토론 수업 같은 창의적 과정에서는 빛을 발했지만, 사교육으로 무장한 학생들과의 끝없는 줄 세우기 시험은 그에게 지옥과도 같았다.

이 모든 과정은 꿈소 가족에게 '어려운 환경 속에서도 꿈을 잃지 않는 학생들을 돕고 싶다'라는 열망을 심어주었다.

'꿈소 장학회'는 그 열망의 첫걸음이다. 유빈이가 할아버지, 할머니에게서 받았던 사랑과 관심을 세상에 환원하며, 꿈을 잃지 않고 도전하는 소년 소녀들의 든든한 버팀목이 되고자 한다. 비록 시작은 작을지라도, 이 장학회가 언젠가 세계 모든 학생들의 꿈을 응원하는 '꿈소 재단'으로 성장하기를 소망한다.

힘들어하는 사람에게 함께해주는 누군가가 있다면 이 지구별은 참 살 만한 곳이 되리라 생각한다. 혼자는 힘들지만, 항상 여러분이 응원하고 함께해 주시리라 믿는다. 그리고 그 응원은 다시

금 또 다른 누군가의 꿈을 지탱해 줄 것이다.

꿈소 가족은 여러분과 함께, 이 세상을 따뜻하게 만들기 위한 이러한 도전을 계속 이어갈 것이다.

(주)맨드언맨드 최홍섭 대표와 함께

> 할머니는 죽어서 다시 태어날 때는
> 공주로 태어나실 거란다.
> 꿈같은 이야기를 30년간 했다.
> 손주들이 왕자와 공주가 되었다.
> 어머니의 꿈은 자녀의 삶을
>
> 아름답게 만들었다.
>
> **- 꿈꾸는 소년 -**

♣

지혜로운 어머니 ⑥

베토벤 / 잭 웰치의 어머니

베토벤의 어머니,
"엄마는 너의 모든 것을 사랑한다"

루트비히 판 베토벤 (1770~1827년)

루트비히 판 베토벤은 독일의 작곡가이자 피아니스트로, 서양 클래식 음악 역사에서 가장 중요한 인물 중 한 명으로 평가받고 있습니다. 본에서 태어난 베토벤은 어린 시절부터 음악적 재능을 보였고, 아버지와 여러 음악가에게 교육받았습니다.

그는 특히 교향곡, 그 중에서도 교향곡 5번과 교향곡 9번으로 잘 알려져 있습니다. 또한 베토벤은 피아노 소나타, 현악 사중주, 협주곡 등을 작곡하며 기술적 완성도와 감정적 깊이를 결합한 작품을 남겼습니다. 이후 그는 청력의 상실에도 불구하고 음악을 통해 자신의 감정을 표현하며 불굴의 의지를 보여주었습니다. 그의 작품은 오늘날에도 널리 연주되고 있으며, 그의 삶과 음악은 전 세계에서 많은 사람들에게 영감을 주고 있습니다.

부모님

할아버지인 루트비히 판 베토벤은 본의 궁정에서 인정받아, 49세의 나이에 궁정 음악 감독카펠마이스터으로 임명되었습니다. 이후 61세로 세상을 떠날 때까지 본 궁정의 모든 공식적인 음악 활동을 주관하는 중요한 책임을 맡았습니다.

아버지 요한 판 베토벤은 테너 가수로 일하며 피아노와 바이올린 교습을 했습니다. 하지만 술을 너무 좋아한 나머지, 술주정으로 인해 가족 모두가 힘든 생활을 해야 했습니다.

베토벤의 어머니, 마리아 막달레네 케베리히는 궁중 요리사 출신이었습니다. 베토벤의 할아버지는 마리아가 며느리가 되기 전에는 하녀처럼 대했지만, 며느리가 된 후에는 상당히 예의를 갖추어 대했다고 합니다.

마리아는 베토벤이 세상에서 가장 사랑하고 의지했던 자상하고 인자한 어머니였을 뿐만 아니라, 베토벤의 모든 것을 조건 없이 헌신적으로 사랑해 준 유일한 존재였습니다. 그녀의 무한한 사랑과 헌신이 베토벤의 음악적 천재성을 꽃피우는 데 큰 영향을 미쳤습니다.

중요시한 교육

엄격한 아버지와 자상한 어머니의 교육법

어린 베토벤은 체계적인 학교 교육을 받지 않았지만, 아버지의 철저한 교육 덕분에 일찍이 음악적 재능을 발휘했습니다. 그의 아버지, 요한 판 베토벤은 베토벤의 음악적 천재성을 일찍이 알아보고 4세부터 엄격한 훈련을 시켰습니다. 아버지는 그를 7세에 피아노 연주회를 열 수 있게 만들었고, 오르간, 바이올린 등을 배우게 하여 베토벤의 음악적 역량을 키웠습니다. 이 과정에서 베토벤은 때로는 눈물을 흘릴 정도로 힘든 훈련을 겪기도 했습니다.

하지만 그런 고통 속에서도 그의 어머니, 마리아는 항상 그를 따뜻하게 돌보고 지지했습니다. 어머니는 아들이 음악에 대한 열정을 잃지 않도록 꾸준히 배려하며, 그가 계속해서 학습을 이어갈 수 있도록 도왔습니다. 베토벤은 자연과 음악을 사랑하는 마음을 어머니 덕분에 키워갔습니다. 자연을 직접 체험하게 해주는 어머니의 배려는 그의 음악 창작에 있어 큰 영향을 미쳤습니다.

베토벤을 일으켜 세운 어머니의 한마디

베토벤이 빈으로 떠나게 되기 전, 1784년 라인강이 범람했을 때 마리아는 세 아들을 먼저 안전하게 대피시키고 자신의 몸은 돌보

베토벤의 어머니, 마리아

지 않았습니다. 그로 인해 마리아는 폐렴에 걸려 건강이 급격히 악화되었고, 베토벤이 빈으로 떠날 때, 마리아는 오히려 그를 격려하며 보내주었습니다. 어머니는 자식의 미래를 위해 자신의 건강까지 내던질 정도로 헌신적이었습니다.

그 후, 베토벤은 빈에서의 음악 공부를 시작하지만, 두 달 후 아버지로부터 어머니의 병이 위독하다는 전갈을 받게 됩니다. 그는 어머니의 임종을 지키고 장례를 치른 후, 자신에게 깊은 내적 갈등을 느끼게 되었습니다. "왜 살아야 하는가?"라는 물음에 직면할 때마다 어머니의 음성이 마음속에서 울려 퍼졌습니다.

"얘야, 그게 무슨 생각이냐? 너는 이 세상에서 가장 위대한 음악가가 될 거야. 열심히 노력하는 자에게는 하늘의 보답이 반드시 있을 거란다."

어머니의 그 말씀 덕분에 베토벤은 마음을 고쳐먹고 다시 일어설 수 있었습니다.

어머니의 기도와 베토벤의 위대한 유산

베토벤은 1792년 다시 빈으로 돌아와 하이든에게 작곡을 배우기 시작하며 위대하고도 험난한 작곡의 길로 다시 들어섰습니다. 그러나 1796년, 그의 청력이 점점 나빠지기 시작하였고, 마침내 음악가에게는 사형선고와 다름없는 셈으로 청력을 잃고 말았습니다.

그럼에도 베토벤은 결코 음악을 포기하지 않았습니다. 그는 지금까지도 많은 사람들에게 기억되는 명언을 남겼습니다.

"나는 운명이라는 단어를 단 한 번도 생각해 본 적이 없다. 어떠한 일이 있더라도 운명에 굴복해서는 안 된다."

베토벤은 고전주의에서 낭만주의로 전환되던 역사적 흐름 속에서 활동한 중요한 음악가였습니다. 그의 교향곡, 독주 협주곡, 현악 사중주, 피아노 소나타 등 수많은 작품 속에는 생명, 사랑, 고통, 절망, 죽음이 잘 표현되어 있으며, 그 속에는 어머니에 대한 기억도 함께 흐르고 있었습니다. 후세에 '음악의 성인' 즉 '악성'이라는 별칭으로 불린 베토벤의 뒤에는 그를 항상 격려하고 지켜보며 후원한 어머니의 기도가 있었습니다.

잭 웰치의 어머니,
"그 누구의 혀도 네 똑똑한 머리를
따라가진 못해"

잭 웰치 (1935~2020년)

잭 웰치는 제너럴 일렉트릭GE의 CEO로서 1981년부터 2001년까지 회사를 이끌며 큰 변화를 가져온 인물입니다. 그의 리더십 아래 GE의 시가총액은 140억 달러에서 4,100억 달러로 급증했으며, 1999년 포춘지에서 '세기의 경영자'로 선정되기도 했습니다. 그는 과감한 구조조정과 해고를 통해 효율성을 극대화하였고, '뉴트론 잭'이라는 별명을 얻었습니다. 또한, GE에 '식스 시그마' 품질 관리 기법을 도입하여 회사의 생산성과 품질을 높였습니다.

2001년 9월 45세의 이멜트에게 회장 자리를 물려주고 퇴임할 때까지 총 1,700여 건에 달하는 기업의 인수합병을 성사시켰으며, 2020년 세상을 떠난 후에도 여전히 '경영의 달인', '세기의 경영인' 등으로 불리고 있습니다.

부모님

아버지 존 웰치는 평범한 기계공이었지만, 가족을 위해 열심히 일하며 높은 노동 윤리를 강조했습니다.

어머니 그레이스 웰치는 가정주부로 잭 웰치가 자라나는 동안 매우 엄격한 환경에서 그를 키웠지만, 그녀는 늘 아들에게 자신감을 주고, 항상 성실하게 노력할 것을 강조했습니다.

웰치는 부모가 그의 성공에 큰 영향을 미쳤다고 자주 언급했으며, 특히 어머니가 그에게 "어떤 일이든 도전할 가치가 있다"라는 신념을 심어준 것으로 기억하고 있습니다. 부모의 강한 근면함과 높은 기준은 웰치의 경영 철학에 많은 영향을 주었고, 그의 성격과 리더십 스타일을 형성하는 데 중요한 역할을 했습니다.

중요시한 교육

웰치에게 가장 큰 선물은 칭찬이다

어릴 적, 말을 더듬던 잭 웰치는 그 버릇 때문에 괴로움을 많이 겪었습니다. 또래 아이들로부터 놀림을 당할 때마다, 그 마음속 깊은 곳에서 자신에 대한 의문이 생기곤 했습니다. 하지만 그의 어머니, 그레이스는 그런 아들을 따뜻하게 격려하며 끊임없이 믿음을 주었습니다.

"네가 부족해서 그런 것이 아니야. 너는 누구보다 똑똑하단다.

네 똑똑한 머리는 결코 누구의 혀도 따라갈 수 없을 거야. 계속 연습하면, 너는 생각하는 것만큼 멋지게 말할 수 있을 거야."

어머니의 이 칭찬 한마디가 그의 내면에 큰 힘을 불어넣었습니다. 그녀의 사랑과 믿음은, 웰치가 스스로를 믿게 하고, 결국 그는 그 말을 넘어서서 자신감을 갖게 되었습니다.

아이는 자신을 완전하게 믿어주면 힘을 낸다

잭 웰치의 어머니, 그레이스

고등학교를 졸업한 웰치는 좋은 대학에 갈 수 있을 성적을 가지고 있었지만, 여러 가지 사정으로 매사추세츠 주립대학교에 입학하게 되었습니다. 웰치는 그 선택에 큰 실망감을 느끼며 학교를 포기하고 싶어 했습니다.

그때, 그의 어머니는 몇 시간 동안 차를 몰아 아들을 만나러 갔고, 그는 어머니를 보고 울먹이며 이렇게 말했죠.

"어머니, 친구들은 모두 더 잘하고 있는데, 나는 아무것도 아닌 것 같아요."

그때 그레이스는 차분하게 아들에게 이렇게 말했습니다.

"너는 이미 훌륭한 사람이야. 주변을 보렴, 그들도 너와 마찬가지로 다 훌륭한 청년들인데, 그들보다 너는 분명 더 뛰어나."

이러한 어머니의 격려가 웰치에게 큰 힘이 되었다고 합니다.

"어머니의 그 말 한마디가 나를 바꿔 놓았다. 만약 내가 MIT에 갔다면, 동료들 때문에 겁을 먹고 두각을 나타내지 못했을 것이다. 그때 나는 내 자신을 믿지 않았을 수도 있었지만, 어머니의 믿음 덕분에 모든 것이 달라졌다."

그레이스는 잭 웰치에게 무조건적인 요구를 하지 않았습니다. 대신, 아들이 최선을 다할 수 있도록 끊임없이 격려하고, 성공을 인정해 주며 그를 지지했습니다. 그녀는 결과가 아닌 과정에 집중하며, 웰치에게 '자신감'과 '용기'를 심어주었습니다.

그레이스의 교육법은 웰치가 어려운 상황에서도 포기하지 않고, 최고의 자신감을 발휘할 수 있는 바탕이 되었던 것입니다.

Epilogue

"희망을 심고 미래를 꿈꾸며"

한 권의 책을 만든다는 것이 쉽게 느껴질지 모르지만, 꼬박 1년 간 수없이 많은 글을 썼다 지우기를 반복하며 지난 20여 년의 세월 속에 우리 가족의 봄, 여름, 가을, 겨울을 수없이 돌아보는 계기가 되었다.

산골의 추운 겨울밤, 커다란 돌을 불에 구워 이불 속에 넣고 우리 4가족이 꼭 붙어 자는 동안 비록 머리맡에 놓인 컵 속의 물은 꽁꽁 얼어붙었지만, 우리 가족이 함께하는 행복은 서로를 따뜻하게 감싸며 모진 어려움도 잘 극복하였다.

꿈소의 아내는 유빈이, 휘성이가 제대로 된 교육을 못 받아 청년이 되어 세상에 잘 적응하지 못할까 봐 그토록 걱정했는데, 19세 어린 나이부터 하나둘씩 이루어낸 성과들은 대한민국을 넘어 세계로 아름다운 기적이 되어 우리 가족에게 찾아왔다.

2024년 12월 유빈이가 팀장으로 휘성이가 연구원으로 참가한 자율주행 AI 논문이 세계적인 학회에서 우수 논문으로 뽑혀 세계 무대에서 발표한다는 것은 우리 가족의 기쁨을 넘어 대한민국의 자랑이었다.

우리 가족이 지금 이렇게 행복한 시간을 맞이할 수 있었던 이유 중에 가장 소중한 것을 생각해 보면 10년이 넘는 동안 할아버지, 할머니에게 매주 전화를 드린 일일 것이다. 유빈이, 휘성이가 태어나고부터 자라는 모든 생활을 매주 전화로 들으시고 함께 울고 웃으며 아이들을 위해 밤낮으로 기도를 드려 이렇게 건강하게 잘 자라난 것이라 생각한다. 할아버지는 살아생전에도 아이들이 훌륭하게 잘 자라는 모습에 너무 자랑스러워하셨고, 하늘의 별이 되기 전에는 하늘에 가서도 아이들을 돕겠다고 약속하실 정도로 아이들을 사랑하셨다.

인생의 봄, 여름, 가을, 겨울 속에 계절을 맞이하는 수많은 방법이 있고 어떻게 보내는 것이 가장 지혜로운지에 대한 정답은 오직 신만이 알고 계실 것이다.

우리 가족은 어려운 경제 환경으로 남들과는 다른 길을 선택하였고, 학벌도 고졸 출신이지만 이웃들이 부러워하는 명품가족이 되었고, 무엇보다 앞으로 우리 가족이 펼칠 미래를 주위에서 너무 궁금해하는 가족이 되었다.

이 한 권의 책으로 현재 우리 가족이 꿈꾸는 세상을 표현하기에는 지면이 부족하여 시간이 허락한다면 머지않아 꿈꾸는 소년의 이야기도 여러분에게 소개할 수 있기를 기대해 본다.

꿈소의 아내로 산다는 것은 보통의 희생으로는 감당하기 힘든 삶이다. 꿈소를 만나 미장원 한번 마음 놓고 못 가보고 20년간 자신을 위해 제대로 된 옷 한 벌 사지 못한 아내에 대한 미안함과 숭고한 사랑을 마음 깊이 간직하고 싶다.

"내가 너희들에게 준 것은 아무것도 없다. 혹시라도 나에게 보답할 것이 있다면 대신 세상에 보답해다오"라는 백운선 할머니의 뜻에 따라 <꿈꾸는 소년 장학재단>을 만들어 경제적으로 어려운 인재들을 발굴하여 지원할 수 있도록 가족 모두가 최선을 다할 것이다.

하늘의 별이 되어 우리 가족을 영원히 돌보겠다는 할아버지,
유빈이와 휘성이가 세상의 아름다운 빛이 되어가고 있어요.
할아버지께 이 책을 바칩니다.

이 책을 세상에 나오게 도와주신 모든 분께 진심으로 감사드립니다.

- 꿈꾸는 소년

산골 소년의 성공이 전하는 자녀교육의 신지평

권선복 | 도서출판 행복에너지 대표이사

자녀에게 성공적인 미래를 제공하고 싶은 것은 모든 부모의 마음입니다. 이를 위해 많은 부모들이 자녀교육에 아낌없이 투자하며, 훌륭한 내신과 수능 성적을 통해 명문대를 거쳐 대기업에 입사하여 인생의 탄탄대로를 걸어가기를 희망합니다.

하지만 여기, 조금 다른 길을 걸어가는 괴짜 아버지가 있습니다. '꿈꾸는 소년'이라고 스스로를 밝히고 있는 아버지는 외국어 과외나 보습학원 등, 대부분의 부모님이라면 으레 붙여줄 만한 여러 사교육들을 전혀 시키지 않고 두 아들을 키워 냅니다. 심지어 사업 실패로 산골 깊은 곳에서 축사를 개조하여 만든 집을 보금자리 삼아 난방비를 아끼기 위해 달군 돌을 이불에 넣고, 이발은 가족끼리 도와 해결하며, TV조차도 없는 생활 속에서 아이들이 자라난 것입니다. 하지만 이 아이들은 토익 990점 만점을 취득하고, 한국의 학술논문을 번역해서 세계에 알리고, 세계 대학생을 모아 AI 경진대회를 열 정도의 역량을 가진 글로벌 인재로 성장하게 됩니다.

여기에서 그치지 않고 아버지는 주변의 걱정이나 비난에도 굽히지 않고 아들을 마이스터고에 입학시켜 단순히 명문대 입학 준비가 아닌 진짜 자신의 미래를 탐색할 수 있도록 도왔으며, 현재 소년은 19세의 나이로 글로벌 자율주행 AI 연구소의 팀장이 되어 세계 최고의 석박사들과 일하고 있습니다.

이 책의 저자이자 두 아이의 아버지인 '꿈꾸는 소년' 저자는 이 책은 단순히 영재로서 성공한 한 소년의 이야기가 아니라고 말합니다. 저자는 자녀교육에 정해진 '길'이 있다고 생각되는 시대에, '다른 길을 선택해서' 미래를 개척할 수 있다는 것을 입증함과 동시에 "어떤 선택이 진짜 미래를 준비하는 길인가?"라는 질문에 대한 답을 제시하고 싶었다고 말합니다.

타인이 정해 준 삶이 아닌 자신이 바라고 찾아내는 삶을 살 수 있도록 자녀들을 키워낸 부모님의 모습을 보여주는 이 책을 통해 대한민국의 많은 부모님이 자녀교육의 새로운 답을 찾아내기를 희망합니다!

'행복에너지'의 해피 대한민국 프로젝트!

도서출판 **행복에너지**

〈모교 책 보내기 운동〉〈군부대 책 보내기 운동〉

한 권의 책은 한 사람의 인생을 바꾸는 힘을 가지고 있습니다. 한 사람의 인생이 바뀌면 한 나라의 국운이 바뀝니다. 그럼에도 불구하고 많은 학교의 도서관이 가난하며 나라를 지키는 군인들은 사회와 단절되어 자기계발을 하기 어렵습니다. 저희 행복에너지에서는 베스트셀러와 각종 기관에서 우수도서로 선정된 도서를 중심으로 〈모교 책 보내기 운동〉과 〈군부대 책 보내기 운동〉을 펼치고 있습니다. 책을 제공해 주시면 수요기관에서 감사장과 함께 기부금 영수증을 받을 수 있어 좋은 일에 따르는 적절한 세액 공제의 혜택도 뒤따르게 됩니다. 대한민국의 미래, 젊은이들에게 좋은 책을 보내주십시오. 독자 여러분의 자랑스러운 모교와 군부대에 보내진 한 권의 책은 더 크게 성장할 대한민국의 발판이 될 것입니다.

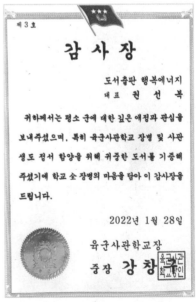